7·5·3
Rom schlüpft aus dem Ei

Stefan Strixner

7·5·3 Rom schlüpft aus dem Ei

Eselsbrücken für Schnellmerker

GONDROM

Produktion: Medienagentur Gerald Drews, Augsburg
Redaktion: Birgit Adam, Augsburg
Illustrationen: Bert K. Roerer, Augsburg
Covergestaltung: Norbert Pautner, München

011

ISBN 3-8112-2409-3

5 4 3 2

Von wasserscheuen Langohren und mehr oder weniger cleveren Lateinern

Albert Einstein segelte mit Pauken und Trompeten durch seine erste Aufnahmeprüfung am Polytechnikum. Mit der Relativitätstheorie befasste er sich dann später. Justus von Liebig flog von der Schule. Danach sprengte er das Dach der elterlichen Apotheke in die Luft. Das war wahrscheinlich der Grundstein für seinen späteren Weltruhm als Chemiker. Dann wäre da noch ein gewisser Thomas Alva Edison. Bevor dem Jungen die erste elektrische Glühlampe aufgegangen ist, taufte ihn dereinst einer seiner Lehrer einen „Hohlkopf". Daraufhin verließ er beleidigt die Schule und ward dort nie mehr gesehen ...

Man könnte jetzt ganz einfach sagen: Die Burschen waren eben zu schlau für die Schule. Das stimmt wahrscheinlich sogar. Vielleicht waren sie aber auch faul, vielleicht haben sie einfach falsch

gelernt – oder beides. Besonders die letzte Kombination ist gefährlich. Außerdem hat sie eine unangenehme Eigenart: Sie sucht fast jeden Schüler dann und wann heim und macht aus potenziellen Genies dumme Esel.
Womit wir auch schon beim Thema wären: Lernen geht nämlich auch leichter. Mit der richtigen Brücke zum Beispiel – der Eselsbrücke.
Stellen wir uns die Schule und das Leben doch einmal kurz als Fluss vor. Dann wäre da noch das viel zitierte sture Langohr. Das muss hinüber, ob es nun will oder nicht. Weil es sich aber nur höchst ungern die Hufe nass macht, braucht es eine Brücke. Das ist übrigens tatsächlich eine anerkannte Erklärung für den Begriff „Eselsbrücke". Echte Esel sind nicht dazu zu bewegen, einen – noch so kleinen – Wasserlauf zu durchqueren. Wer also in früheren Zeiten seine Last nicht selbst durch das kühle Nass tragen wollte, der versuchte sich eben als Zimmermann.
Heutzutage versteht man unter einer Eselsbrücke einen kleinen Umweg, der uns leichter ans Ziel bringt. Sie alle sind aus dem gleichen Material gebaut: Man verbinde einen schwierigen oder langweiligen Sachverhalt mit einer einfachen, interessanten vielleicht sogar lustigen Begebenheit: einem Wort, einem Reim oder einfach einem

Spruch. Generationen von Schülern und Lehrern haben in dieser Hinsicht ganze Arbeit geleistet. Ganz zum Vorteil ihrer Nachfahren, die heute so manchen Fluss mühelos trockenen Fußes bewältigen können.

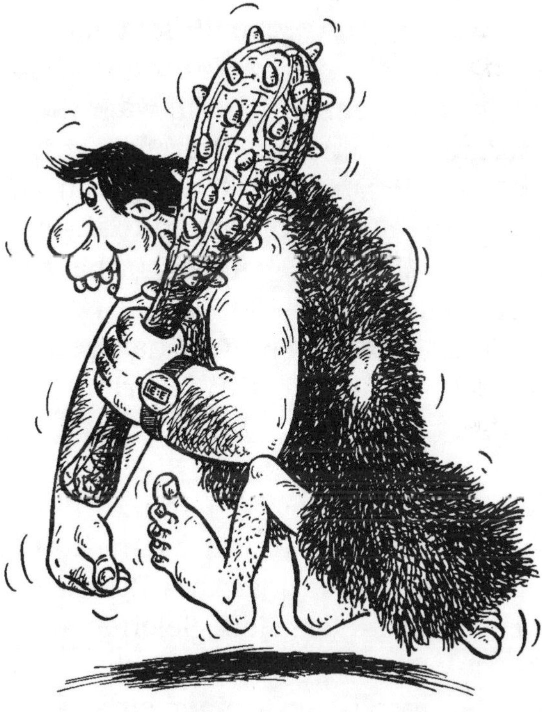

Generationen von Schülern und Lehrern haben ganze Arbeit geleistet.

Mit ein bisschen Fantasie kann man sich aber auch seine ganz privaten Brücken zimmern. Wenn man zum Beispiel wissen muss, was die lateinische Vokabel „callidus“ bedeutet, dann könnte etwa die folgende Überlegung recht hilfreich sein: Schüler, die später einmal einen Cadillac fahren möchten, müssen ziemlich clever sein. Sonst bringen sie es zu nichts. „Callidus“ bedeutet übrigens „schlau“. So viel konnte ich selbst aus meinem Lateinunterricht in die Gegenwart retten. Zur amerikanischen Nobelkarosse habe ich es (bis jetzt) trotzdem nicht gebracht – und im Fach Latein war ich ein notorischer Fünferkandidat. Aber von Kleinigkeiten solcher Art braucht man sich nicht aus der Ruhe bringen zu lassen. Das haben schon ganz andere Kaliber, als ich es bin, bewiesen ...

Lernen – aber mit Köpfchen!

Richtig lernen heißt leichter lernen! Die schönste Eselsbrücke nützt nichts, wenn man nicht richtig hinüber marschiert. Man könnte auch sagen: Am Lernen kommt man nicht vorbei. Doch auch hier gibt es ein paar Kniffe, die es leichter machen, ans Ziel zu kommen:

- Richtig lernen kann man nur, wenn man ungestört ist. Am besten wäre natürlich ein eigenes Arbeitszimmer. Wer so etwas nicht hat, sollte sich aber zumindest nach einer Ecke umsehen, wo er vor Ablenkungen geschützt ist und sich konzentrieren kann.
- Der Mensch ist – wie der Esel – ein Gewohnheitstier. Das gilt auch fürs Lernen. Wer sich an regelmäßige Lernzeiten hält, wird bald bemerken, dass er sich leichter tut.
- Viel hilft nicht unbedingt viel. Deswegen sollte man sich ab und zu eine Erholungspause gönnen. Faustregel: Alle 45 Minuten zehn Minuten entspannen, am besten bei frischer Luft und

ganz ohne Anstrengung für den Kopf (also nicht zur Zerstreuung lesen!)

- Lernen heißt nicht automatisch verstehen. Man kann einen Text oder eine Grammatikregel durchaus lesen, ohne sie zu kapieren. Wenn man also nicht auf den Sinn des Gelernten achtet, verschwendet man nur Zeit und Energie.
- Wer mit allen Sinnen lernt, lernt am besten. Das bedeutet ganz einfach, dass man sich Dinge, die man selbst aufgeschrieben und gehört und gesprochen und vielleicht sogar noch selbst gesehen hat, ganz sicher besser merken kann, als wenn man sie nur gelesen hat – und sei es noch so oft.

Fitnesstraining fürs Gehirn

Gelernt ist gelernt – oder? Eben nicht unbedingt. Das Gehirn ist wie ein Muskel. Je mehr man ihn belastet, desto mehr kann er auch leisten. Mit den richtigen Methoden wird man zum wahren „Brain-Builder“!

Das menschliche Gehirn ist nicht wie eine Truhe, die irgendwann voll ist. Ganz im Gegenteil: Je mehr man hinein packt, desto mehr Platz wird frei für neue Dinge. Ein angenehmer Nebeneffekt ist außerdem, dass man sich beim „Stapeln“ immer leichter tut.

Es ist gut, wenn man viele Einzelheiten zu einem speziellen Thema kennt. Diese Fakten erleichtern es – einmal eingebrannt – ungemein, noch mehr Fakten zu diesem Thema zu behalten. Man kann sich das in etwa vorstellen wie einen Kletterer, der immer höher an einer Felswand hinaufsteigen möchte. Wenn er alle bekannten Griffe und Rastplätze ausnutzt, wird er sehr schnell immer mehr neue Hilfen entdecken. Am Ende findet man so

den Weg zum Gipfel: Absturz praktisch ausgeschlossen!
Verstehen ist viel effektiver als stures Auswendiglernen. Man kann sich noch so viel Wissen in den Kopf stopfen – wenn man es nicht verstanden hat, ist es nutzlos. Deswegen ist es gut, wenn man versucht zu denken, statt zu pauken. Wenn man es so weit bringt, Daten und Fakten mit einem Faden aus Verstehen zusammenzuknüpfen, dann vergisst man das Gelernte auch nicht mehr so schnell. Wenn man trotzdem einmal über eine Gedächtnislücke stolpern sollte, dann kann man sich meistens leicht darüber hinweghelfen. Man kennt schließlich die Zusammenhänge und kann sich mit ein bisschen logischem Denken über die Wissenslücke hinweghangeln. Womit wir wieder beim Hauptthema wären:

Steter Tropfen höhlt den Stein – aber nicht den Kopf. Ganz im Gegenteil: Je öfter man sich einen Zusammenhang, eine Formel oder eine Eselsbrücke vor Augen führt, desto sicherer hat man sie parat, wenn es darauf ankommt.

Deutsch – oder „Wer nämlich mit h schreibt …“

Deutsche Sprache schwere Sprache? Nicht, wenn man die richtigen Sprüche kennt. Und davon gibt es ganz schön viele!

Wer brauchen ohne „zu“ gebraucht, braucht brauchen gar nicht zu gebrauchen.

Schwierige Wörter – richtig buchstabiert!

ABC

Dieser kleine Reim hilft sicher manchem Erstklässler dabei, das ABC zu lernen:

A, B, C und D:
Auf dem Rasen wächst der Klee.
E, F, G und H:
Viele Hasen sind schon da.
I, J, K und L:
Hasen fressen ziemlich schnell.
M, N, O und P:
Weil Hasen mögen gerne Klee.
Q, R, S, T, U, V, W:
Nur gucken darf man nicht, oh weh!
X, Y und Z:
Sonst rennen alle Hasen weg!

a, doppelt

Merkvers für einige Wörter, die mit doppeltem „a“ geschrieben werden. Eine allgemein gültige Regel gibt es hier allerdings nicht.

Doppel-„a", das ist doch klar,
sind in „Waage", „Haar" und „Paar".

brauchen

Wer brauchen ohne „zu" gebraucht, braucht brauchen gar nicht zu gebrauchen.

Von dieser Regel gibt es – natürlich – eine Ausnahme: Es gibt nämlich durchaus Dinge, die man brauchen kann. Auch ohne „zu". Ansonsten ist der Spruch aber gut zu gebrauchen!

ck und tz

Nach „l", „n", „r" das merke dir ja,
steht nie „tz" und nie „ck".

Die gleiche Regel vermittelt – ein wenig anschaulicher – der folgende Reim:

Nimm die Regel mit ins Bett:
Nach ei, au, eu steht nie tz.

das oder dass?

Die Frage ob „das" mit einfachem oder mit doppeltem „s" geschrieben wird – oder früher mit „ß" –, hat schon Generationen von Schülern in die Verzweiflung getrieben. Der folgende Merkreim erleichtert das Problem.

Das s bei „das" muss einfach bleiben,
kannst du dafür „dieses" oder
„welches" schreiben.

gar nicht

Gar nicht wird gar nicht
zusammengeschrieben ...

Großschreibung

Wörter mit den unten stehenden Endungen schreibt man immer groß, auch wenn sie mit einem Wort beginnen, das eigentlich kein Substantiv ist:

-heit und -keit und -ung und -schaft,
-tum und -nis und -chen und -lein,
schreibt man groß und niemals klein!

i, lang gesprochen

Merkvers, der besagt, dass nicht jedes Wort, das mit einem langen „i“ gesprochen wird, mit „ie“ geschrieben wird.

Den „Tiger“ sprich mit langem „i“,
jedoch mit „ie“ schreib ihn nie.

nämlich

Wer nämlich mit h schreibt ist dämlich.

Dem ist nichts hinzuzufügen!

parallel

Der Begriff „parallel“ kommt eigentlich gar nicht aus dem Deutschen, sondern ist ein Fremdwort. Trotzdem wird er recht häufig verwendet – und die vielen „l“ sorgen oft für Verwirrung. Die richtige Schreibweise kann man sich merken, wenn man eine Klammer an der passenden Stelle einsetzt, um ein bekanntes Wort herauszustellen:

par(alle)l

s, doppelt

Gerade seit der Rechtschreibreform bereitet die Frage „ß oder ss?“ Probleme. Die gültige Regel besagt, dass auf einen kurz gesprochenen Vokal ein doppeltes s folgt. Das gilt auch für Wörter, die man früher mit „ß“ geschrieben hat. In Reimform liest sich das so:

Doppel-s, das weiß ich jetzt,
wird immer hinter einmal kurz gesetzt.

Vokale, kurz gesprochen

Vokale (a, e, i o, u) werden mal kurz, mal lang ausgesprochen. Dem geschriebenen Wort sieht man das meistens nicht an. Allerdings findet man in der deutschen Sprache vor einem doppelten Konsonanten immer einen kurzen Vokal (Beispiel: „Komma“ oder „Pappe“). Wenn man eine der folgenden Eselsbrücken kennt, macht man sicher weniger Rechtschreibfehler:

Vor einem Doppelmitlaut allemal
wird kurz gesprochen der Vokal.

Mancher kann es sich vielleicht mit diesem Reim besser merken:

Doppelt-Mitlaut klingt im Ohr?
Kurzer Selbstlaut kommt davor!

Wer auf Nummer Sicher gehen möchte, der kann es auch noch mit diesem Vers versuchen:

Ist der Selbstlaut kurz und klein,
folgt ein Doppelmitlaut hinterdrein.

vor- und ver-

Viele Wörter werden im Deutschen anders ausgesprochen als geschrieben. Mit dieser Eselsbrücke macht man bei „vor" und „ver" bestimmt nichts mehr verkehrt!

„vor-" und „ver-" schreibt
jeder Herr und jede Frau –
ganz klar mit einem Vogel-V.

Beispiel:
Es ist ein klarer Vorteil, wenn man diese Regel kennt!

Satzzeichen

Kommas? Oder Kommata? Satzzeichen haben ihre Tücken. Hier gibt es zwei Eselsbrücken, die die Sache ein bisschen durchsichtiger machen ...

direkte Rede

Die direkte Rede wird im Deutschen immer in Anführungszeichen gesetzt.

Da wo man redet, sagt und spricht,
vergiss die kleinen Zeichen nicht.

Komma

Eigenschaftswörter, die sich nicht mit einem „und" verbinden lassen, werden grundsätzlich auch nicht mit einem Komma voneinander getrennt. Hier ist es wichtig, den Sinn eines Satzes zu verstehen!

Kannst du sie nicht mit UND verbinden,
wirst du auch kein Komma finden ...

Beispiel:
In diesem Jahr gibt es wieder guten neuen Wein (In diesem Jahr wird es neuen Wein geben, der auch noch gut ist). Anders sähe es in diesem Fall aus: In diesem Jahr gibt es wieder guten und neuen Wein (Heuer gibt es neuen Wein. Außerdem wird es auch noch guten Wein geben ...).

Da wo man redet, sagt und spricht, vergiss die kleinen Zeichen nicht.

Grammatik

Die deutsche Rechtschreibung steckt voller Fallstricke. Die Grammatik ist das reinste Minenfeld. Das beginnt schon mit zwei verschiedenen Sorten von Buchstaben ...

Vokale

In jeder Sprache gibt es Vokale und Konsonanten. Vokale heißen auch Selbstlaute, weil man sie aussprechen kann, ohne einen weiteren Buchstaben zu brauchen. Ohne Vokale könnte man kein Wort aussprechen. Versuchen Sie es mit Ihrem Namen! Im Deutschen gibt es fünf Vokale, die man sich mit diesem Verslein gut merken kann:

Fünf Kinder rufen laut mir zu:
Wir heißen A, E, I, O, U!

Ein bisschen wissenschaftlicher kann man es angehen, wenn man es mit dem Entdecker der Relativitätstheorie hält:

***A**lbert **E**instein **i**st **o**hne **U**hr.*

Für die ganz Eiligen gibt es die „Ein-Wort-Vokal-Eselsbrücke“:

M**a**g**e**rm**i**lchj**o**g**u**rt

Hier sind alle Vokale des Alphabets enthalten – noch dazu in der richtigen Reihenfolge.

Hat man die Klippen zwischen Vokalen und Konsonanten glücklich umschifft, lauert die nächste Gefahr: Eine unüberschaubare Zahl von Wortarten ...

Magermilchjogurt

Adjektiv

Adjektive, auch Eigenschaftswörter genannt, werden stets kleingeschrieben. Die meisten erkennt man an ihrer letzten Silbe.

Bei -ig, -sam, -los, -lich, -isch, -voll, -bar:
Adjektive, ist doch klar!

Beispiele: fleißig, arbeitsam, mühelos, vorsorglich, energisch, liebevoll, annehmbar

Was wäre eine Regel ohne Ausnahme? In diesem Fall macht das Beispiel „König" anschaulich, dass auch die oben beschriebene Eselsbrücke mit ein wenig Vorsicht zu genießen ist!

Substantive

Substantive heißen auch Namenwörter. Namen schreibt man im Deutschen immer groß – also auch die Substantive:

Sei nicht dumm und merk dir bloß,
Namenwörter schreibt man groß.

Welch Überraschung: Von dieser Regel gibt es keine mir bekannte Ausnahme!

Substantive können auch kleiner werden. Für die Verkleinerung von Substantiven gibt es eine einfache Regel:

„-chen“ und „-lein“ machen alle Dinge klein.
Groß werden sie trotzdem geschrieben!

Verb

Verben oder Zeitwörter gehören zu den wichtigsten Wortarten überhaupt. Ein Satz, in dem kein Verb steht, ist streng genommen kein richtiger deutscher Satz – und das Wörtchen „ist“ für sich alleine gilt nicht als Verb. Deshalb:

Steht im Satz ein „ist“ allein,
setz dafür ein Zeitwort ein!

Manche Sätze funktionieren allerdings auch ohne ein vollwertiges Verb: „Grammatik ist doof“ wäre so ein Beispiel ...

Zusammenfassung der Wortarten

Die wichtigsten Wortarten in der deutschen Sprache lassen sich ganz leicht mit einer – auf den ersten Blick – ziemlich verrückten Gleichung merken. Man braucht dazu nur zwei Begriffe:

ZEHE = VASE

Z = Zeitwort = Verb = **V**
E = Eigenschaftswort = Adjektiv = **A**
H = Hauptwort = Substantiv = **S**
E = Eigenname = Eigenname = **E**

Eigennamen sind bei genauerer Betrachtung natürlich nichts anderes als Substantive. Großschreiben nicht vergessen!

BUF DOG

Die Fälle

Die nächste Stufe im grammatikalischen Reigen (oder Regen?) sind die Fälle. Zwei davon werden besonders gerne verwechselt. Dativ und Akkusativ ...

Akkusativ – Signalwörter

Der vierte Fall heißt Akkusativ. Wenn ein Substantiv in diesem Fall steht, passt die Frage „wen oder was?" auf dieses Wort. Eine Reihe von Signalwörtchen, die ein Hauptwort im Akkusativ nach sich ziehen, macht dieses kleine Wortspiel anschaulich:

BUF DOG

Bis
Um
Für
Durch
Ohne
Gegen

Wenn man hinter jedes dieser Wörter ein Hauptwort oder einen Namen stellt, passt immer die

Frage „wen oder was?“. Das Testwort muss natürlich schon zu dem Signalwort passen. Sonst könnte der Satz ziemlich seltsam klingen ...

Beispiel:
„Für diesen Zeugen lege ich die Hand ins Feuer (für wen oder was? – für den Zeugen!)

Dativ

Ein Substantiv (=Namenwort) steht im Dativ (dritten Fall), wenn im jeweiligen Satz die Frage „wem oder was“ auf das Wort passt. Den dritten Fall und das Fragewort „wem“ bringt man leicht zusammen, wenn man sich diesen Spruch merkt und dabei bedenkt, dass das m in „wem“ drei Beinchen hat:

„Wem steht auf drei Beinen.“

Dativ – Signalwörter

Ein Substantiv steht immer im Dativ (dritten Fall), wenn ihm eines der folgenden Wörter vorausgeht:

„Aus“, „bei“, „mit“, „nach“, „seit“, „von“, „zu“, kannst du nicht den Dativ, du dumme Kuh!

Dativ oder Akkusativ verwenden

Wer sich dem Problem „Dativ oder Akkusativ?“ lieber langsam nähern möchte, dem wird hier geholfen. Im Dativ oder Akkusativ (dritten oder vierten Fall) stehen Substantive immer, wenn sie auf eines der Wörter in dieser Eselsbrücke folgen:

An, auf, hinter, in, neben, über, unter, vor und zwischen
kannst du den Akku oder Dativ nicht,
dann werde ich dich erwischen!

„Aus“, „bei“, „mit“, „nach“, „seit“, „von“, „zu“, kannst du nicht den Dativ, du dumme Kuh!

Der Sinn hinter den Wörtern

Der Teufel steckt – auch in der Sprache – meistens im Detail. Im Deutschen gibt es viele Wörter, die einen Zwillingsbruder haben, der täuschen kann ...

Lärche oder Lerche

Lärchen sind Bäume und Lerchen sind Vögel. Ausgesprochen wird beides gleich – aber welches Wort schreibt man wie?

Lärche schreibt man mit „ä" wie Bäume –
Lerche schreibt man mit „e" wie Vogel.

scheinbar und anscheinend

Der Begriff „scheinbar" bedeutet, dass etwas nur dem Anschein nach, tatsächlich aber sicher nicht eine bestimmte Eigenschaft hat. Bei „anscheinend" ist man sich über diese Eigenschaft ebenfalls nicht sicher – möglich ist sie immerhin. Mit dem folgenden Reim kann man sich diesen Unterschied merken:

Das „scheinbar“ hör ich weinend –
du meinst gewiss „anscheinend“.

wider und wieder

Die Begriffe „wider“ und „wieder“ werden gleich ausgesprochen. Die Bedeutung ist allerdings jeweils ganz verschieden.

Wenn „wider“ nur „dagegen“ meint,
dann ist das „e“ dem „i“ stets Feind.
Wenn „wieder“ doch „noch einmal“ meint,
dann sind dort „i“ und „e“ vereint.

Das gleiche Prinzip, die gleiche Regel, aber eine kürzere Eselsbrücke, noch dazu oft genug aus dem Leben gegriffen:

Wieder ist oft widerlich ...

Lärche schreibt
man mit „ä“
wie Bäume –
Lerche schreibt
man mit „e“
wie Vogel.

wo

Das Wörtchen „wo" wird in der Umgangssprache oft falsch verwendet. Die Konstruktion „der wo" (vor allem in Bayern anzutreffen) gibt es zum Beispiel nicht – es heißt „derjenige, welcher". Keinen Fehler macht, wer diesen Merkreim beherrscht:

„Wo" hat nur den rechten Stand
örtlich, zeitlich angewandt.

Englisch – oder „He, she, it ..."

Für fremde Sprachen sollte es eigentlich mehr Eselsbrücken geben als für die eigene. Sollte man meinen. Tatsache ist: Shakespeare und Kollegen haben offenbar nicht geahnt, dass ihre Muttersprache dereinst die Schüler auf der ganzen Welt beschäftigen würde.

did (simple past)

Did plus Grundform ist die Norm,
nach did steht nie 'ne past tense Form.

Ein Reim, der sich von alleine erklärt – did ist ein Signalwort. Darauf folgende Verben werden immer in der Grundform verwendet.

much/many

„Much" und „many" sagen das Gleiche, bedeuten

aber nicht dasselbe. Much passt nur zu Substantiven, die nicht zählbar sind. Im anderen Fall:

Lassen sich Nomen zählen?
Many wählen!

Plural – s oder e?

Den Plural – also die Mehrzahl – bildet man im Englischen ja eigentlich auf ganz einfache Weise: Man hängt ein „s" hinten an das betreffende Substantiv. Aber natürlich nicht immer. Sonst wär's ja auch zu leicht oder? Eine schöne Gedankenstütze gibt der folgende Vers:

Es pluralt ja der Englischmann
mit schlichtem „s", so lang er kann.
Dem Zischlaut nur tut's „s" so weh,
drum dann im Plural nimm ein „e".
Und als Exempel merke dir
die folgenden Vokabeln hier:
match and matches,
glass and glasses,
box and boxes,
watch and watches.

... also: Immer wenn ein Substantiv mit einem Zischlaut aufhört, dann hängt man in der Mehrzahl ein „e" an!

Lassen sich Nomen zählen? Many wählen!

Plural – y oder ie?

Die Mehrzahl hält im Englischen mehr als nur einen Fallstrick bereit. Substantive, bei denen ein „y“ am Ende steht, vermehren sich mit „ie“. Außer, freilich, vor dem y steht ein a, ein e, ein o oder ein u:

Wenn es sich um den Plural handelt,
wird y in ie verwandelt,
aber nach a, e, o, u
bleibt das y in Ruh'.
Und als Beispiel merke dir
die folgenden Vokabeln hier:
story and stories,
baby and babies –
But: toy and toys,
day and days.

Gut, dass die Eselsbrücke gleich ein paar Beispiele mitliefert!

Plural – v oder f?

Noch einmal die Mehrzahl, wieder ein Problem – natürlich ein ganz neues: Es gibt ja noch die Wörter, die auf „fe“ enden. Setzt man solch ein Wort in den Plural, dann wird das „f“ zum „v“:

Ehefrauen und auch Messer
finden v im Plural besser.
Als da wären
– jetzt mal hören –
wife and wives,
knife and knives.

Wife and wives,
knife and knives.

Der Vergleich von Messern und Ehefrauen ist inhaltlich keinesfalls haltbar und dient nur der Veranschaulichung!

s mit Apostroph

Das „s“ nach dem Apostroph wird im Englischen mal kurz und mal lang gesprochen. Dieser Reim bringt ein wenig Licht in die Sache:

Nach he und she
das „s“ summt sacht’ und lange,
nach it hingegen zischt’s
wie eine Schlange.

Merkverse für Vokabeln

Eine kleine Vokabelsammlung ist das folgende Gedicht:

„Laundry is Wäsche, ein Seil is a rope,
wash that means waschen,
und Seife is soap.
Collar means Kragen, ein Hemd is a shirt,
Clean that means sauber, Schmutz, that is dirt.
Iron means bügeln und trocken is dry,
Stockings are Strümpfe und färben is dye.

Französisch – oder „Das où hat einen Floh!“

Accent grave, accent aigu oder accent circonflexe – eine Klippe von vielen. Und wenn man sie glücklich umschifft hat, wartet schon die nächste: Welcher zeigt nun in welche Richtung ...?

Merkverse

Die folgenden Gedichte sind eine kleine Sammlung der wichtigsten französischen Vokabeln. Sie passen gut zu dieser schönen Sprache – mit einem Unterschied: Sie sind leicht zu lernen ...

Le bœuf – der Ochs, la vache – die Kuh,
fermez la porte – die Tür mach zu.

Se coucher heißt: ins Bett zu gehen,
se lever heißt: früh aufzustehen,
se fier à heißt: einem trauen,
se défier de: weckt Misstrauen.

Ihr seid, vous êtes,
sie sind, ils sont,
der Kreis ist rund,
le cercle (est) rond.

Voulez-vous Kartoffelsupp
avec verbrannte Klöß?
Non, monsieur, je danke vous,
Je n'ai pas appétit dazu.

Ihr seid, vous êtes,
sie sind, ils sont,
der Kreis ist rund,
le cercle (est) rond.

Accents

Die vielen schrägen Striche über den Vokalen sind schon eine Plage. Da ist jede Hilfe willkommen, oder?

A Paris, à Paris
sur mon petit cheval gris,
A Rouen, à Rouen
sur mon petit cheval blanc.

Zum Verständnis: Das „à“ wird im Französischen sehr häufig als Richtungsanzeiger verwendet. Außerdem kann man aus dem Vers entnehmen, dass „Paris“ und „gris“ gleich ausgesprochen werden. Das Gleiche gilt für die Endsilben von „Rouen“ und „blanc“.

Geschlechtsregeln

Auf Deutsch ist der Mond ein Mann, im Französischen ist er eine Frau (la lune). Solche Dinge machen es manchmal ganz schön schwierig, das richtige Geschlecht zu bestimmen. Das folgende Gedicht hilft im Zweifelsfall auf die Sprünge:

Männlich ist die Endung „-age",
ausgenommen sind image und la cage,
la plage, la rage.
Feminina kenn man schon
an der Endung „-eur" und „-son";
auch die Endung „-ée" und „-té"
man als weiblich meist anseh'.

ou und où

Die französischen Wörter für oder (ou) und wo (où) unterscheiden sich auf dem Papier nur durch einen kleinen Strich: den berüchtigten „accent grave". Das ist derjenige, der nach links schaut. Wenn man sich diesen kleinen Strich als kleinen Floh oder gar als schweren Balken vorstellen kann, dann verwechselt man „ou" und „où" künftig nicht mehr. Vorausgesetzt, man kennt eine der folgenden Eselsbrücken:

Auf der Oder schwimmt kein Balken.

oder

Auf der Oder schwimmt kein Graf.

Gemeint ist hier natürlich der accent grave.

Es geht auch so:

Das „où“ als „wo“ hat einen Floh.

Sehr einprägsam ist auch diese Frage mit integrierter Antwort:

Der accent grave steht „wo“?

Das Wörtchen où bedeutet „wo“. Also: Wo steht der accent grave? Nur über dem où, das „wo“ bedeutet.

Der accent grave steht „wo“?

Toujours – immer mit „s“

Toujours heißt „immer“. Leider hat das Wort die unangenehme Eigenart, dass man seinen letzten Buchstaben zwar schreibt – hören kann man ihn aber nicht. Also merken:

Toujours a toujours un „s“!

„Immer“ schreibt man auf Französisch immer mit „s“!

Zahlen

In der folgenden Eselsbrücke sind die ersten paar Ziffern der französischen Sprache enthalten. Ein Gedicht, das nicht nur angenehm in den Ohren klingt!

Un, deux, trois,
je m'en vais au bois,
quatre, cinq, six,
cueillir des cerises.

Latein – oder „In vino veritas ...“

Was ist das Beste an der lateinischen Sprache? „Dass sie tot ist!“, wird hier mancher Schüler spontan antworten. In den folgenden Eselsbrücken ist sie quicklebendig!

Merkverse

Das folgende Gedicht ist lang – zugegeben. Doch trotzdem hob es Generationen von Schülern über manche sprachliche Hürde. Nicht umsonst war es noch zu Großvaters Zeiten ein ganz normaler Bestandteil des Lehrplanes:

Auf das Geschlecht gebt ja gut Acht,
damit ihr keine Fehler macht!
Braucht männlich die auf -or, -er, -os
und die auf -es, doch diese bloß,
wenn sie in ihrem zweiten Fall
vermehren ihre Silbenzahl.

Doch marmor, aequor, cor (das Herz),
cadaver, iter, aes (das Erz),
os (der Mund) und os (Gebein),
die müssen immer Neutra sein.
Als weiblich aber merk dir bloß
noch seges, quies, merces, dos,
ordo, sermo, pugio,
fons, mons, pons, dens ebenso,
auch grex und vertex, verticis
sind masculini generis.

Desgleichen die auf -nis und -quis
und auch die folgenden auf -is:
collis, fascis, lapis, mensis.
Als Neutrum aber ganz allein
vas (das Gefäß)
gemerkt will sein.

Auf -men, -us, -ur, und -e, -al, -ar,
die stellen sich als Neutra dar;
auch lac und caput, capitis,
sind stets neutrius generis.

Doch mus und lepus, sol und sal
gebrauche männlich überall;
als weiblich tellus gelten muss,
wie auch die Dentalstämm' auf -us.

Gebrauche weiblich die auf -o,
die -as, -aus, -x geradeso
und die auf Konsonant und -s
bezeichnen stets nur Weibliches.
Gleichsilb'ge auch auf -es und -is
sind feminini generis.

Im Folgenden findet sich eine ganze Reihe von Merkversen – gut für Leute, die nicht so gerne stupide Vokabeln büffeln: Die Wörter lassen sich aus den Reimen herauslesen.

Es ging der Bauer agricola
mit seiner Frau, der femina,
über die Brücke pons
an die Quelle fons
und schnitt mit seinem culter-Messer
eine radix-Wurzel ab.

Lepus – ein Has
sedebat – er saß
in via – auf der Straß.
Edebat – er aß.
Quid? – was
Gramen – Gras!

Os, oris ist der Mund.
Os, ossis frisst der Hund.

Vis, „die Kraft“, und vis, „du willst“,
sonderbar sich gleichen.
Was du vi vis, glaube mir,
wirst du auch erreichen.

Es ging der Bauer agricola ...

Ablativ: der fünfte Fall

Die alten Römer waren ziemlich unbescheiden. Kaum ein Fleckchen in der antiken Welt, das sie sich nicht – zumindest versuchsweise – unter den Nagel gerissen hätten. Doch man merkt es auch ihrer Sprache an. Heute reichen im Deutschen vier Fälle, um einem Substantiv den richtigen Schliff zu verpassen. Die alten Römer hatten fünf – da war ja noch der Ablativ, zu erkennen an den Signalwörtern in der folgenden Eselsbrücke:

A und ab und ex und de,
cum und sine, pro und prae.

Adverb oder Adjektiv?

Wenn eine Form von „sein" ein Vollverb ist, steht das Adjektiv als Prädikatsnomen dabei. Die Form stimmt in Kasus, Numerus und Genus mit dem Subjekt überein. Das Adverb dagegen ist eine Bestimmung zu anderen Verben. Zu kompliziert? Stimmt, aber es geht auch einfacher:

Der ist dumm, der nach sum
setzet das Adverbium.

Beispiele:

Das Essen ist gut. –
Cena bona est (mit Adjektiv).
Wir haben gut gegessen. –
Bene cenavimus (mit Adverb).

Die Soldaten waren tapfer. –
Milites fortes erant (mit Adjektiv).
Die Soldaten kämpften tapfer. –
Milites fortiter pugnabant (mit Adverb).

Akkusativ: der vierte Fall

Die folgenden Wörter werden – wenn sie im Aktiv stehen – immer zusammen mit dem Akkusativ („wen oder was") verwendet:

Haben, halten und erkennen,
wählen, machen und ernennen,
ferner nennen und erklären,
auch sich zeigen und bewähren
konstruiere im Aktiv
zweimal mit Akkusativ.

Aktiv

Verben können im Aktiv stehen, aber auch im Passiv. Nicht leicht zu unterscheiden, manchmal. Außer, freilich, man kennt diesen Spruch:

Nach Ost muss diese Ente.

Die Verb-Endungen im Aktiv lauten stets auf „-o“, „-s“, „-t“, „mus“, „-tis“, „-nt“.

Das Essen ist gut. –
Cena bona est (mit Adjektiv).
Wir haben gut gegessen. –
Bene cenavimus (mit Adverb).

ali- (Vorsilbe)

Die lateinische Sprache geizt nicht mit Ausnahmen von Ausnahmen – wobei es meistens wieder zahlreiche Ausnahmen zu beachten gibt. Eine davon ist die Vorsilbe „ali-“. Manchmal mit, manchmal ohne:

Nach si, nisi, ne, num,
pro, ubi, quando, cum
fällt ali- um.

Deklinationen:
die erste oder a-Deklination

Welcher lateingeplagte Schüler kennt sie nicht: die Freude am Deklinieren. Man setzt fröhlich ein Substantiv nach dem anderen in jeden der fünf lateinischen Fälle. Auf Deutsch kann man auch „beugen“ statt „deklinieren“ sagen. Damit man bei dieser unbeliebten Übung nicht zu schnell aus dem Konzept kommt, haben sich findige Köpfe allerhand kleine Helfer einfallen lassen:
Weibliche Substantive (Feminina) werden im Lateinischen meistens nach der „ersten“ oder „a-Deklination“ in die einzelnen Fälle gesetzt. Bevor

man das tun kann, muss man sie aber erst als weiblich erkennen. Dafür gibt es eine einfache Regel:

Das Wort, das nach der Ersten geht,
Genus femininum steht.

„Genus“ bedeutet „Geschlecht“.

Nach si, nisi, ne, num, pro, ubi, quando, cum fällt ali- um.

Deklinationen: die zweite oder o-Deklination

Deklinieren heißt übersetzt bekanntlich so viel wie „beugen“. Da müssen im Lateinischen nicht nur Frauen, sondern auch die Männer und Neutra (zum Beispiel das Kind) durch. Nur gibt es hierfür jeweils andere Endungen und Regeln. Die sind in der zweiten oder o-Deklination enthalten. Wo man sie anwenden muss, zeigt der folgende Merkreim:

Männlich sind –
leicht merk ich's mir –
die auf -us
und -er und -vir.
Neutra sind hinwiederum
alle jene dann auf -um.

Ausnahmen: Die vorstehende Eselsbrücke ist leicht und universell einsetzbar. Sie hat nur einen Nachteil. Es gibt ein paar Ausnahmen. Die gute Nachricht lautet: Auch für diese Ausnahmen gibt es eine wunderbare Eselsbrücke:

Zwei Ländernamen sind's auf -us,
die ich als weiblich merken muss:
Aegyptus, einstens weltbekannt,
Epirus dann in Griechenland.
Die Städte und die Inseln alle
mit Endung -us im ersten Falle
sind feminini generis,
Die Pelopsinsel nicht vergiss!
Auch humus ist ein Feminin;
doch vulgus stell zum Neutrum hin.

Deklinationen:
die dritte oder gemischte Deklination

Die Endungen der Substantive, die nach der dritten Deklination behandelt werden, muss man wiederum erst nach ihrem Geschlecht unterscheiden.

Für die männlichen Wörter gilt:
Bei -or, -os, -er, dann wird's recht,
setz stets das männliche Geschlecht!

Die Weiblichen erkennt man an den folgenden Endungen:

Doch die auf -o, -as, -es, -x, -is
sind feminini generis;
geht Konsonant dem -s voraus,
sind weiblich sie gleich laus und fraus.

„Laus“ bedeutet auf Deutsch „Lob“, „fraus“ heißt „Betrug“.

Alternativ funktioniert hier auch:

Weiblich sind alle Wörter auf -is,
da -is herumgedreht si (sie) heißt.

Neutrale Substantive erkennt man mit Hilfe dieses Reimes:

Die Wörter auf -n, -e, -l, -ar,
dann caput, lac als eignes Paar
und jene endlich auf -ur, -us
ich mir als Neutra merken muss.

„Caput“ steht für „Kopf“, „lac“ heißt „Milch“.

Deklinationen:
die vierte oder u-Deklination

Die Substantive, die nach der vierten oder u-Deklination behandelt werden, erkennt man, wenn man den folgenden Reim weiß:

Die Wörter mit der Endung -us
ich mir als männlich merken muss;
doch stellt die Endung -u sich ein,
so kann das Wort nur Neutrum sein.
Feminina sind auf -us
acus, domus, porticus:
Dann als weiblich sei genannt
tribus, idus, manus („Hand“).

„Manus“ ist im Deutschen
die „Hand“.

... geht Konsonant
dem -s voraus,
sind weiblich sie
gleich laus und fraus.

Deklinationen:
die fünfte oder e-Deklination

Die fünfte ist nun endlich auch die letzte Deklination. Die Wörter, die mit ihrer „Hilfe" in die fünf lateinischen Fälle gesetzt werden, erkennt man im Allgemeinen, wenn man sich Folgendes merkt:

Die Wörter, die der Fünften eigen,
das genus femininum zeigen;
meridies und dies, „Tag",
man als männlich stets behandeln mag.
Heißt dies aber „Frist, Termin",
dann gilt es auch als Feminin.

Genitiv: der zweite Fall

Es gibt eine ganze Reihe von Wörtern, die nur zusammen mit dem Genitiv (wessen?) vorkommen. Einige davon finden sich in diesem Merksatz wieder:

Des Bieres kundig eingedenk
war er teilhaftig mächtig voll:

Also:

Begierig, kundig, eingedenk, teilhaftig,
mächtig, voll,
man stets nur mit dem Genitiv konstruieren soll.

Im Lateinischen heißen diese Wörter übrigens: cupidus, peritus, memor, particeps, potens, plenus

Des Bieres
kundig
eingedenk
war er
teilhaftig
mächtig
voll.

Geschlecht bestimmen nach Bedeutung

Das Geschlecht der Substantive (Genus) ist für den Satzbau sehr wichtig. Deshalb gibt es die folgende Regel. Sie setzt natürlich voraus, dass man die jeweilige Vokabel auch übersetzen kann!

Wer das Genus wissen mag
erst nach der Bedeutung frag!

Also: Ein Substantiv, bei dem man sich nicht sicher ist, prüft man am besten erst einmal an Hand seiner Bedeutung. Bei „vir", dem „Mann", ist es ja eher unwahrscheinlich, dass er im Lateinischen mit einem weiblichen Wort bedacht wird.

Geschlecht bestimmen nach Endung

Manches, das im Deutschen ein Mann ist, war bei den alten Römern eine Frau. Der Mond zum Beispiel: Luna hieße streng übersetzt eigentlich „die Mond". Nun hat man aber manchmal Sätze, in denen man das Geschlecht des Substantives bestimmen soll – und offensichtlich hatten die Römer wieder eine andere Auffassung als die alten Germanen. Da hilft nur eines: die Endung.

Kann die Bedeutung dir nicht zeigen,
welch Genus einem Wort zu Eigen,
nach der Endung schau schnell hinten –
und das Genus wirst du finden.

Eine kleine Auswahl: Alles was auf „-us" endet, ist männlich, „-a" deutet meist auf weiblich hin, „-um" ist praktisch immer ein Neutrum.

Wer das Genus
wissen mag
erst nach der
Bedeutung frag!

Geschlecht bestimmen (Faustregel)

Schlussendlich hilft auch bei den Geschlechtern im Lateinischen oft nur: lernen. Das fällt schon ein bisschen leichter, wenn man eine passende Eselsbrücke hat. Diese hier vielleicht:

Die Männer, Völker, Flüsse, Wind
und Monat' Masculina sind;
die Frauen, Bäume, Städte, Land
als Feminina sind bekannt.
Was jedoch nicht Frau noch Mann,
das sieht man als ein Neutrum an.

Noch ein paar kleine Merkhilfen für die Suche nach dem richtigen Geschlecht:

Die Schürzenbänder der Frauen kreuzen
sich auf dem Rücken,
folglich sind alle Wörter auf -x weiblich.

oder

Feminina sind alle Wörter auf
-o, -as, -es, -x und -aus
und -s mit Konsonant voraus.

oder man versucht es mit diesem Spruch:

„S“ oder „x“, davor ein Konsonant,
sind uns als weibliche bekannt!

oder – für die Logiker:

Die Ohren der Männer sind größer als die der Frauen. Folglich sind alle Wörter auf -or männlich.

Die Ohren der Männer sind größer als die der Frauen. Folglich sind alle Wörter auf -or männlich.

-ius als Endung

Die Wörter, die in dieser Eselsbrücke vorkommen, enden alle auf -ius, wenn man sie in den zweiten Fall (Genitiv) stellt. Im dritten Fall, dem Dativ, ist das anders:

Unus, solus, totus, ullus,
uter, alter, neuter, nullus,
alius, ipse fordern alle
-ius in dem zweiten Falle.
Doch im dritten enden sie
nur mit einem langen i.

Präposition mit Städtenamen

Eine schön kurze Regel, die sich auch gleich von selbst erklärt. Man muss nur wissen, dass eine Präposition ein Verhältniswort ist!

Bei Städtenamen, wisst ihr schon,
steht keine Präposition.

Steigerungen

Wem das Lernen zu viel wird, der lernt besser mit mehr Eselsbrücken. Natürlich kann man auch damit nicht alles wissen. Aber es ist immer noch viel, viel besser, als nichts zu wissen ...

Magni, pluris, plurimi,
parvi, minoris, minimi,
tanti, quanti, nihili.

magni = viel
pluris = mehr
plurimi = am meisten

parvi = wenig
minoris = kleiner
minimi = am kleinsten

tanti = alles
quanti = wie viel
nihili = nichts

magni = viel

-ubus als Endung

Die Wörter, die im folgenden Reim aufgeführt sind, enden jeweils mit -ubus, wenn man sie in den Dativ oder Ablativ setzt – Mehrzahl vorausgesetzt!

Arcus, quercus, tribus, acus,
artus, specus und auch lacus
setzen – denk mir ja daran! –
-ubus stets als Endung an.
Doch die andern haben alle
-ibus nur in diesem Falle.

Zu guter Letzt

Eine kleine Vokabelstütze, offensichtlich von einem eher frustrierten Lateiner. Gleichwohl: Sie funktioniert:

Panis, piscis, crinis, finis –
so ochst man weiter, bis man hin is'.

Panis = das Brot
Piscis = der Fisch
Crinis = das Haar
Finis = das Ende

Mathematik – oder „Differenzen und Summen ...“

Man hasst sie oder man mag sie nicht. Dazwischen ist nicht viel Auswahl. Obwohl es natürlich auch hier Ausnahmen geben soll ...

größer, kleiner, gleich

Die mathematischen Zeichen für größer, kleiner und gleich kann man ganz leicht auseinander halten. Man muss sich nur vor Augen halten, dass sich derjenige, der sie erfand, dabei tatsächlich Gedanken gemacht hat:

= ist gleich: Der Abstand zwischen den beiden Strichen ist an jeder Stelle gleich.

> größer als: Der Abstand zwischen beiden Strichen ist dort größer, wo auch die größere Zahl steht.

< kleiner als: Der Abstand zwischen den Strichen ist dort größer, wo die kleinere Zahl steht.

Man kann sich das Zeichen für „kleiner als" auch als K ohne den senkrechten Strich vorstellen:

K = kleiner!

Grundrechenarten

Kein gestandener Mathematiker würde die vier Grundrechenarten mit „plus, minus, mal, geteilt" ansprechen. Dafür gibt es schon gestandene Fremdwörter. Damit man sich diese leichter merken kann, gibt es den unten stehenden Reim:

A plus B wird eine Summe,
A minus B zur Differenz,
A mal B Produkt man nennt und
A geteilt durch B ist ein Quotient.

Kugel – Volumen und Oberfläche

Das Innenleben einer Kugel kann man berechnen. Dafür gibt es eine ziemlich komplizierte Formel, die man sich ganz leicht merken kann. Man muss nur wissen, dass „Pi“ die „Kreiszahl“ ist und einen Wert von ungefähr 3,1415927 hat. Das kleine „r“ steht für den Radius, also den Abstand von der Mitte bis zum Rand der Kugel. Das Volumen kann man hiermit ausrechnen:

Behäbig kommt
ein Herr geschritten
4/3 Pi mal r
zur Dritten.
Und was er
auf dem Leibe hat
ist vier mal Pi
mal r Quadrat.

Innen hat die Kugelei
4/3 Pi mal r hoch drei.

Für die Kugeloberfläche gibt es einen nicht weniger praktischen Reim:

Und was sie auf dem Buckel hat
ist vier mal Pi mal r Quadrat.

Noch leichter mag es manchem der folgende, eher bildhafte Reim machen – die Bedeutung ist die gleiche:

Behäbig kommt ein Herr geschritten
4/3 Pi mal r zur Dritten.
Und was er auf dem Leibe hat
ist vier mal Pi mal r Quadrat.

Kürzen

Brüche darf man erst kürzen, wenn man sowohl Zähler als auch Nenner in ein Produkt umgerechnet (ausgeklammert) hat:

Differenzen und Summen
kürzen nur die Dummen!

Leute mit Höhenangst könnten eher zu dieser Eselsbrücke tendieren. Man muss es sich nur bildhaft vorstellen – Vergessen ausgeschlossen:

Wer aus einer Summe kürzt –
wird ins Binger Loch gestürzt!

Million – Milliarde – Billion – Trillion

Die Schlange von Nullen, die sich an den großen Zahlen aufreiht, kann richtig lang werden. Da heißt es nicht nur Aufpassen beim Zählen. Man muss auch wissen, wie viele Nullen zu welcher Zahl gehören!

Der Nullen sechs hat die Million,
mit neun glänzt die Milliarde schon,
es folgt mit zwölf ihr die Billion,
zuletzt mit achtzehn die Trillion.

Null

Es gibt keine Zahl, die durch Null teilbar ist.

Durch Null teile nie,
dies bricht dir das Knie.

Radizieren

Aus einer Potenz (x hoch y) oder einer Summe (x plus y) darf man nie die Wurzel ziehen (radizieren). Immer erst das jeweilige Ergebnis ausrechnen!

Aus Potenzen und Summen
radizieren nur die Dummen.

Schnitt- oder Vereinigungsmenge

Die Zeichen für die Schnittmenge (∩) und die Vereinigungsmenge (∪) kann man leicht verwechseln. Außer man kennt diese Eselsbrücke:

∪ kann man sich als ein Gefäß vorstellen. Alles, was dort hinein kommt, vereinigt sich. Wenn man das Gefäß umdreht (∩), dann fällt alles heraus und vorbei ist es mit dem Vereinigen!

Strecken, Strahlen, Geraden

Mathematiker zeichnen nicht einfache Striche. Da gibt es kleine – aber wichtige – Unterschiede: Eine Strecke wird an beiden Seiten von einem Endpunkt begrenzt. Ein Strahl hat nur an einer Seite eine Grenze und von der Geraden kann man immer nur einen Ausschnitt sehen, weil sie weder vorne noch hinten ein Ende hat. In Reimform hört sich das so an:

Zwei Punkte begrenzen die Strecken,
die Strahlen sind einmal fixiert,
wo unbegrenzt Linien sich recken,
sind sie als „Gerade“ definiert.

Zwei Punkte begrenzen die Strecken.

Tetraeder und Oktraeder

Ziemlich seltsame Namen gibt es in der Mathematik für manche Figuren. Schuld sind – wie so oft – die alten Griechen: „Tetra“ heißt „vier“ und „okta“ heißt „acht“. Ein Tetraeder wird folgerichtig also von vier gleichseitigen Dreiecken definiert, ein Oktaeder von acht solchen Dreiecken. Oder einfacher:

Das Vierflach ist ein Tetraeder,
das Achtflach nennt man Oktaeder.

Thaleskreis

Die alten Griechen waren in mathematischen Dingen ziemlich auf Draht. Der gute Thales von Milet macht da keine Ausnahme. Er hat herausgefunden, dass in jedem rechtwinkligen Dreieck der Scheitelpunkt des rechten Winkels auf dem Halbkreis über der Hypotenuse liegt. Oder einfacher:

Alle Winkel in einem Halbkreis
sind rechte Winkel.

„und“ oder „oder“?

Wie bei der Schnittmenge unterscheiden sich die mathematischen Zeichen für „und“ (^) und „oder“ (v) nur durch ihre Ausrichtung. Den Unterschied kann man sich so klar machen:

^ = *„**u**nd“, denn es ist **u**nten offen.*
*υ = „**o**der“, denn es ist **o**ben offen.*

+ mal – = –
Ich bin dafür, dass man dagegen ist, also bin ich dagegen.

Vorsilben für Mengen

Ein Kilogramm ist schwer, ein Millimeter ist kurz. Das weiß jeder. Was genau sich hinter diesen Vorsilben verbirgt, ist allerdings für so manchen ein Geheimnis. Dabei ist es gar nicht schwer:

Deka ist ein griechisches Wort und heißt „zehn". Ein Dekagramm sind also zehn Gramm.
Hekto kommt ebenfalls aus der griechischen Sprache. Es leitet sich ab von „hektaton", was 100 bedeutet. Ein Hektoliter sind also 100 Liter.
Kilo ist schon wieder griechisch. Es stammt von „chilioi" (1000) ab. Ein Kilogramm sind deswegen tausend Gramm.
Dezi kommt aus dem Lateinischen, genau genommen von „decem" (das bedeutet „zehn"). Die Vorsilbe „Dezi" deutet auf ein Zehntel hin: Ein Dezimeter ist der zehnte Teil eines Meters, also zehn Zentimeter.
Zenti ist auch lateinisch und leitet sich von „centum" (= 100) ab. Der Zentimeter ist also der hundertste Teil eines Meters.
Milli haben wir ebenfalls den alten Römern zu verdanken: „Mille" bedeutet tausend, der Millimeter ist also der tausendste Teil eines Meters.

Vorzeichenregel beim Multiplizieren

Wenn man positive mit positiven oder positive mit negativen Zahlen multiplizieren muss, dann kann das ganz schön verwirrend werden. Hilfreich ist es, wenn man sich folgende Eselsbrücke einprägt:

+ *entspricht „dafür",*
– *entspricht „dagegen".*

Damit lassen sich alle vier möglichen Fälle gut bewältigen:

+ *mal + = +: Ich bin dafür, dass man dafür ist, also bin ich dafür, also: positives Ergebnis.*

+ *mal – = –: Ich bin dafür, dass man dagegen ist, also bin ich dagegen, also: negatives Ergebnis.*

– *mal + = –: Ich bin dagegen, dass man dafür ist, also bin ich dagegen, also: negatives Ergebnis.*

– *mal – = +: Ich bin dagegen, dass man dagegen ist, also bin ich dafür, also: positives Ergebnis.*

Zeichenfolge

Verzwickte Rechenaufgaben verlangen nach der richtigen Rechenreihenfolge. Erst wird multipliziert und dividiert, danach kommen Addition und Subtraktion an die Reihe (außer es stehen irgendwelche Klammern in der Aufgabe):

Punktrechnung vor Strichrechnung geht,
die Klammer über allen steht.

Physik – oder wenn's nicht funktioniert …

Physiker sind Wissenschaftler. Fast so wie Chemiker. Jedenfalls sind das seltsame Leute. Sie spalten nicht Haare, sondern Atome und von der Arbeit haben sie ein ganz eigenes Verständnis …

Arbeit

Schreiben und Rechnen sind keine Arbeit. Jedenfalls nicht für einen Physiker. Der legt da schon einen anderen Maßstab an. Der heißt ganz klar: Arbeit ist Kraft mal Weg, oder als Formel:
$W = F \times s$.
Obwohl Lernen auch keine Arbeit im physikalischen Sinn ist, machen wir es uns hier so leicht wie möglich und bauen uns eine Eselsbrücke:

Was man nicht im Kopf hat,
muss man in den Beinen haben …

... bedeutet eigentlich nichts anderes als: Arbeit ist Kraft mal Weg.

Atom

Streng genommen ist der Begriff „Atom“ ein Etikettenschwindel. Der Name stammt ursprünglich aus der griechischen Sprache. Er bedeutet „unteilbar.“ Als die Physiker dem Atom auf die Spur kamen, waren sie fest davon überzeugt, die kleinsten aller möglichen Teilchen entdeckt zu haben. So kamen diese Teilchen zu ihrem Namen. Sie setzen sich übrigens zusammen aus Molekülen, Protonen, Elektronen, Neutronen, Quarks ...

Man merke, dass das Wort „Atom“
nicht Schöpfung ist des alten Rom.
Vielmehr im Griechischen erscheint,
wo damit „unteilbar“ ist gemeint.

Elektrische Leistung

Elektrizität kann man nicht sehen, manch einer kann sie erst recht nicht verstehen. Die Vielzahl von Formeln und Berechnungen kann aber auch verwirrend sein. Zumindest im Fall der elektrischen Leistung gibt es aber eine todsichere Faustregel, die man sich auch noch ganz einfach merken kann:

Volt mal Ampere ergibt in Watt,
was der Strom geleistet hat.

Physiker würden sagen: Leistung ergibt sich aus dem Produkt von Spannung und Stromstärke – oder: P = U × I.

Man merke, dass
das Wort „Atom"
nicht Schöpfung ist
des alten Rom.

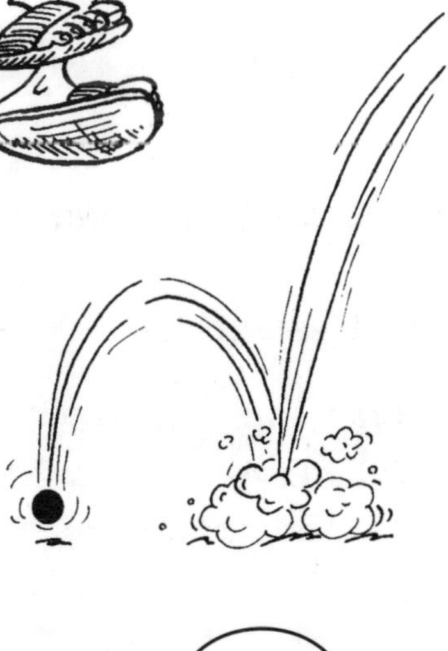

Geschwindigkeit

Einen ganz einfachen Merkreim gibt es für die Berechnung der Geschwindigkeit: $v = x : t$.

Eines Dinges Geschwindigkeit:
Weg durch die genutzte Zeit!

konkav und konvex

Alles was konkav ist, wölbt sich nach innen, das Gegenteil davon heißt konvex. Weil das offensichtlich für manchen Physiker nur sehr schwer zu unterscheiden ist, gibt es ein wahres Füllhorn von Eselsbrücken zu diesem Thema.

Zum Beispiel für Hundeliebhaber:

Aus konkaven Linsen kann ein jeder trinken.
Doch der Bauch vom Rex, der ist konvex.

Oder für die Freunde der gepflegten Küche:

Ist die Linse konkav, bleibt die Suppe brav.
Ist die Linse konvex, macht die Suppe klecks!

Diese Eselsbrücke dürfte besonders leicht zu merken sein. Trotzdem ist sie wohl eher für die höheren Semester geeignet. Das letzte Wort darf sich jeder selbst dazu denken:

War das Mädchen brav, ist ihr Bauch konkav,
ist ihr Bauch konvex, dann hatte sie wohl ...

Eines Dinges Geschwindigkeit:
Weg durch die genutzte Zeit!

Magnetpole

Nord- und Südpol sind bei Magneten oft farbig markiert: Damit man die beiden Seiten nicht durcheinander bringt, hat sich ein findiger Kopf diese Eselsbrücke einfallen lassen:

*R**o**t wie N**o**rd,*
*gr**ü**n wie S**ü**d.*

Ohm'sches Gesetz

Die Stromspannung (U) berechnet man, indem man den elektrischen Widerstand (R) mit der Stromstärke (I) multipliziert. Die Formel sieht dann folgendermaßen aus:

$U = R \times I$

Leicht im Kopf behalten kann man diese Rechenfolge, wenn man sie mit dem Schweizer Kanton „Uri" verbindet.

Proton/Elektron

Atomphysiker befassen sich mit Dingen, die ungeheuer klein sind und furchtbar schnell durch die Gegend sausen. Trotzdem haben diese Leute herausgefunden, dass ein Atom unter anderem aus Protonen und Elektronen besteht. Den Unterschied zwischen diesen beiden „Bauteilen“ macht ihre elektrische Ladung aus.

*Das Pr**o**ton ist p**o**sitiv geladen,*
*das **E**lektron ist n**e**gativ.*

Doch der Bauch vom Rex, der ist konvex.

Schallgeschwindigkeit

Schall ist schnell. Sehr schnell sogar: Satte 340 Meter pro Sekunde schafft ein Ton, wenn er sich durch die Luft bewegt. Dieser Wert lässt sich umrechnen. Dann kommt dabei dieser praktische Merksatz heraus:

Der Schall braucht Zeit, im Freien geht er in drei Sekunden tausend Meter.

Der Schall braucht Zeit.

Schwerkraft auf dem Mond

Die Schwerkraft – auch „Gravitation“ genannt – ist es, die dafür sorgt, dass wir auf dem Boden stehen bleiben. Diese Kraft gibt es natürlich auch auf dem Mond. Dort allerdings ist sie viel geringer als auf der Erde. Das liegt an der kleineren Masse, die der Mond hat. Er selbst bringt nur ein Sechstel der Erde auf die Waage. Entsprechend kleiner ist dort die Gravitation. Übersetzt in eine Eselsbrücke würde man sagen:

Auf der Erde noch so schwer –
auf dem Mond nur'n Sechstel mehr.

Viertaktmotor

Der Otto- oder Viertaktmotor ist bei uns eine ganz alltägliche Erscheinung. So alltäglich, dass wir uns oft gar nicht so recht bewusst sind, dass er da ist. Noch weniger Gedanken macht man sich meistens darüber, wie er eigentlich funktioniert – bis er nicht mehr geht. Für die vier Arbeitstakte gibt es gleich zwei gute Merksätze. So kann man sich bei der nächsten Panne vielleicht gleich ein paar gute Tipps für den Mechaniker zurechtlegen ...

Otto denkt ans Verdienen durch Arbeit
und gutes Auskommen.

Oder ans Verdienen durch Arbeit!
Dann Ausspannen!

Beide Sprüche haben die gleiche Bedeutung:
Ans = Ansaugtakt, erster Takt
Verdienen = Verdichtungstakt, zweiter Takt
Arbeit = Arbeitstakt, dritter Takt
Auskommen/Ausspannen = Auspufftakt, vierter Takt

Biologie – oder: Wir teilen uns eine Zelle ...

Bio? Gaaanz einfach! Oder? Manchmal nicht. Gerade die Biologie ist ein sehr weites Feld. Hier gibt es Binsenweisheiten und echte Geheimnisse des Mikrokosmos zu entdecken. Mit der richtigen Eselsbrücke alles kein Problem!

Zoologie – Tierkunde

Die Zoologie ist die Lehre von den Tieren. Von der Ameise bis zum Blauwal, dem größten Tier der Welt. Der ist ungefähr so bekannt wie der Bundeskanzler. Aber was ist ein „Canis“? Auch für diese Frage gibt es die richtige Eselsbrücke!

Blauwal

Das größte Tier auf der Welt ist ein Säugetier, das aussieht wie ein Fisch: der Blauwal. Ungleich kleiner ist der Reim, in dem gleich auch noch enthalten ist, wie groß ein solcher Wal werden kann:

Ein Riese in dem Weltenmeer,
bis 150 Tonnen schwer,
der Wassertiere Admiral,
ist der Koloss, der blaue Wal.

Meisenarten

Mit der folgenden Eselsbrücke ist man bestens gewappnet, wenn man mit der Vermutung „Du hast doch 'ne Meise!“ bedacht wird. Man kann dann nämlich ganz einfach zurückfragen: „Und welche Sorte, bitte schön?“. Blamage muss man keine befürchten, schließlich kann man sämtliche elf Meisenarten aufzählen. Noch mehr Schlagfertigkeit dürfte nicht nötig sein. Außer der Meckerer kennt seinerseits dieses Gedicht:

Mit Blaubart und mit Nonnenhaube,
Beutel, Schwanz, wie'n Specht im Laube,
im Kohl und Sumpf, auf Tannen, Weiden –
das Meisenvolk ist gut zu leiden.

Zur Erklärung:
Blaubart = Blaumeise und Bartmeise
Nonnenhaube = Nonnenmeise und Haubenmeise
Beutel = Beutelmeise
Schwanz = Schwanzmeise
Specht = Spechtmeise
Kohl = Kohlmeise
Sumpf = Sumpfmeise
Tannen = Tannenmeise
Weiden = Weidenmeise

Blaubart

Schwarzwild

Dem Schwein sagt man im Allgemeinen wenig schmeichelhafte Eigenschaften nach. Besonders hart treffen diese Vorurteile die wilden Gesellen, die frei im Wald umherlaufen. Dabei nehmen die „Schwarzkittel“ nicht nur das Thema Körperpflege ausgesprochen ernst. Sie haben auch noch ein stark ausgeprägtes Familienleben – und jedes Mitglied hat in der Fachsprache seinen ganz eigenen Namen. Verwechseln kann man diese nur, wenn man dieses Gedicht nicht kennt:

Frische Kinder, Mutter Bache,
Vater Keiler oder Schwein –
können nur die Borstenviecher
von Familie Schwarzwild sein.

Zur Erklärung:
Frische Kinder = Frischlinge
Bache (Sau) = Mutterschwein
Keiler (Schwein) = Vaterschwein
Schwarzwild = Wildschwein

Spechtarten

Wenn man es im Wald laut klopfen hört und dazwischen gelegentlich ein ziemlich dünnes Piepsen – dann ist ziemlich sicher ein Specht am Werk. Allein die Geräuschkulisse reicht höchstens ausgemachten Vogelkundlern, um zu sagen, welche Sorte von Specht sich da gerade zu schaffen macht. Der Laie darf raten. Dazu muss man allerdings erst einmal wissen, dass es ganze zehn verschiedene Spechtarten gibt. Im folgenden Spruch sind neun davon aufgeführt:

S K O F G A =
Stamm Klasse Ordnung Familie Gattung Art

In Bunt, in Rot, Schwarz, Grün und Grau,
in Mittel-, Klein- und Zwergenbau,
als Brut wie Elstern weiß am Rücken:
Familie Specht weiß zu entzücken.

Zur Erklärung:
Bunt = Bunt- oder Rotspecht
Rot = Rot- oder Buntspecht
Schwarz = Schwarzspecht
Grün = Grünspecht
Grau = Grauspecht
Mittel = Mittelspecht
Klein = Kleinspecht
Zwergenbau = Zwergspecht oder
Kleiner Buntspecht
Der Dreizehenspecht fehlt in dieser Liste. Den muss man sich eben merken – oder man versucht sich selbst als Eselsbrücken-Lyriker!

Tierkinder

Neugeborene haben – wenn es nicht gerade Maden sind – immer einen ganz eigenen, netten Namen. Das ist beim menschlichen Baby nicht anders als bei unseren vierbeinigen Freunden. Einige Tierbabynamen sind im folgenden Merkreim enthalten:

Welpen sind die Hundekinder,
Kälber neu geborene Rinder,
und die Kleinen von den Pferden
nennt man Fohlen hier auf Erden.

Tier-Klassen

In der Biologie gibt es für jedes Tier eine eigene Schublade im richtigen Schrank im richtigen Zimmer im richtigen Haus. Der Hund zum Beispiel gehört zum Stamm der Metazoen (lateinisch), Klasse der Säugetiere, Ordnung der Fleischfresser, Familie der Hundeartigen, Gattung Canis (lateinisch). Dann kommt wieder der Hund – die Art. Damit man sich hier nicht in der Reihenfolge vertut, haben die Biologen eine kleine Gedankenstütze gebastelt:

*S K O F G A = **S**tamm **K**lasse **O**rdnung **F**amilie **G**attung **A**rt*

Trampeltier oder Dromedar?

Kamele gibt es viele verschiedene. Fast alle laufen auf vier Beinen. Die Zahl der Höcker unterscheidet sich allerdings von Art zu Art. Auseinander halten kann man die beiden wichtigsten, wenn man sich Folgendes vor Augen hält:

Das Kamel mit zwei Höckern ist das Trampeltier.
Das Kamel mit einem Höcker ist das Dromedar.

Trampeltier wird mit zwei „e" geschrieben,
also zwei Höcker,
Dromedar enthält nur ein „e",
diese Sorte Kamel trägt nur einen Höcker.

CHONS
Margarete
kocht
prima Cafe.

Botanik – Pflanzenkunde

Egal ob Hobbygärtner oder Urwaldforscher – das Grünzeug hat es vielen Menschen angetan. Mit ein bisschen Unkrautjäten hier und einem Tröpfchen Wasser dort wird man der Flora allerdings noch nicht gerecht ...

Lauraceen

Auch bei den Pflanzen gibt es Familien. Eine davon sind die „Lauraceen". Die Mitglieder heißen Lorbeer, Sassafras, Campher und Zimt. Sie alle sind im folgenden Merksatz aufgeführt:

Laura sass und frass unterm
Campherbaum Zimt.

Die Wörter „sass" und „frass" müssten gemäß der aktuellen Rechtschreibung natürlich mit „ß" geschrieben werden. Weil sie hier aber die Sassafras-Pflanze symbolisieren, wollen wir mal nicht so sein.

Pflanzen-Nährstoffe

Nur von Wasser kann man nicht leben. Das gilt auch für Pflanzen. Deren Speiseplan klingt nicht sehr verlockend. Dafür gibt es eine passende Eselsbrücke:

***CHONS M**ar**g**arete **k**ocht **p**rima **Cafe**.*

Kohlenstoff, Wasserstoff, Sauerstoff und Stickstoff, Schwefel, Magnesium, Kalium, Phosphor, Calcium und Eisen.

Der „Nachname" von Margarete besteht aus den chemischen Symbolen der Gase plus dem Schwefel. Der übrige Satz bringt die restlichen Zutaten auf den Teller.

Anatomie

Ganz schön schwierig wird die Biologie, wenn sie den eigenen Körper betrifft. Oder könnten Sie sagen, aus wie vielen Knochen Ihre Handwurzel besteht?

Handwurzelknochen

Eine menschliche Hand besteht aus unzähligen Knochen und Knöchelchen. Allein in der Handwurzel gibt es nicht weniger als acht:

Kahnbein, **Mond**bein, **Dreieck**bein,
Erbsenbein, **großes** und **kleines Vieleck,**
Kopfbein, **Haken**bein

Der folgende Reim genügt vielleicht nicht den Ansprüchen der gehobenen Poesie. Wenn es aber um die Handwurzelknochen geht, ist er unschlagbar:

*Ein **Kähn**chen fuhr im **Mond**enschein*
*ums **Dreieck**- und ums **Erbsen**bein;*
***Vieleck groß**, **Vieleck klein**,*
*ein **Kopf**, der muss am **Haken** sein.*

Herzklappen

Nach der Reihenfolge seiner Herzklappen wird man nicht jeden Tag gefragt. Nicht einmal als Arzt. Wenn man es aber trotzdem einmal wissen muss, dann ist man gut dran, wenn man diesen Spruch kennt:

__T__äglich __p__ulsiert __m__eine __A__orta.

Tricuspidalis, **P**ulmonalis, **M**itralis, **A**ortalis

Biologie allgemein

So groß ist der Unterschied zwischen Tieren und Pflanzen manchmal gar nicht. Das beginnt beim Appetit und hört bei der Vererbungslehre auf. Oder war es andersherum?

Mendel'sche Regeln

Die Vererbungslehre ist ein ziemlich harter Brocken. Ein gewisser Johann Gregor Mendel hat da vor vielen Jahren als Erster den Durchblick gewonnen. Ihm verdanken wir jedenfalls eine ganze Reihe von Regeln, die erst einmal gelernt werden wollen. Die drei wichtigsten finden sich in dieser Buchstabenkombination wieder:

UNI – SPA – UNA

UNI = Uniformitätsregel: Kreuzt man zwei Individuen einer Art, die sich in einem Merkmal unterscheiden, so sind die Nachkommen in diesem Merkmal alle gleich.
SPA = Spaltungsregel: Kreuzt man die Mischlinge, die aus der ersten Regel hervor gegangen sind, untereinander, dann verteilt sich das beobachtete

Merkmal im Verhältnis drei zu eins auf die nächste Generation.
UNA = Unabhängigkeitsregel: Bei jeder Kreuzung werden die Erbanlagen für alle Merkmale voneinander unabhängig weitergegeben.

Stickstoff/Kalium

Stickstoff und Kalium sind zwei Elemente, die für die Ernährung sehr wichtig sind. Welches von beiden nun welche Aufgabe erfüllt, steht ziemlich ausführlich in diesem Gedicht:

Der Stickstoff hat den Sinn erhalten,
den Eiweißaufbau zu gestalten.
Er ist wichtig, wie noch nie,
zum Pflanzenaufbau und fürs Vieh.
Das Kali hat stets das Bestreben,
die Zellenbildung zu beleben.
Und außerdem ist es am Werke
beim Bau von Zucker und von Stärke.

Vitamine, fettlösliche

Vitamine gibt es viele. Manche davon lösen sich nur in Wasser, andere wiederum brauchen Fett, damit der Körper sie aufnehmen kann. Die

Letzteren sind in dieser kleinen Eselsbrücke treffend zusammengefasst:

E D (e) K A

Das kleine „e“ in der Mitte hilft nur bei der Aussprache!

Weiblich oder männlich?

Die biologischen Zeichen für weiblich (♀) und männlich (♂) kann man schön auseinander halten, wenn man sie aus der griechischen Mythologie ableitet:

Das Symbol für weiblich sieht aus wie der Handspiegel der schönen Liebesgöttin Venus, während das Symbol für männlich aussieht wie Schild und Speer des Kriegsgottes Ares.

Wenn man weniger Wert auf politische Korrektheit legt, kann man einfach auch sagen:

Frauen sind eitler als Männer, haben immer einen Spiegel in der Tasche. Die Herren der Schöpfung sind dafür schneller bei der Sache, wenn es gilt, einen Streit nonverbal aus der Welt zu schaffen.

Zellteilungsstadien

Wenn sich eine Zelle teilt, dann durchläuft sie fünf verschiedene Stadien. Die haben – wie könnte es anders sein – mächtig komplizierte Namen.

Interphase, Prophase, Metaphase, Anaphase, Telophase

Umso einfacher ist der Spruch, der in der Not auf die Sprünge helfen kann:

__I__ch __p__oche __m__anchmal __a__n __T__üren.

Oder – für den selbstbewussten Biologen:

__I__ch __p__rotze __m__it __a__llen __T__eilen.

Chemie – oder wenn's stinkt und kracht …

Wenn man an den Chemieunterricht denkt, fallen einem normalerweise spontan unangenehme Gerüche, überlaufende Reagenzgläser und völlig verwirrende Abkürzungen ein. Ein Vorurteil, das in der Praxis stimmt!

Alkohol

Wer lernen will, der trinkt lieber nichts Hochprozentiges. Aber wer die chemische Formel für Alkohol wissen muss, der kann beruhigt nach dem Ober rufen, der bringt sie auf dem Silbertablett – allerdings in der umgekehrten Reihenfolge:

***H**err **O**ber **5 H**elle, **2 C**ognac!*

Richtig herum heißt die Formel: C_2H_5OH

Lackmus

Einer Säure sieht man es auf den ersten Blick nicht an, ob sie nicht vielleicht eine Lauge ist. Anders herum verhält es sich genauso. Deshalb haben findige Chemiker sich eine Lösung einfallen lassen: Sie heißt „Lackmus“ und man tränkt Papierstreifen in ihr. In eine Säure getaucht, verfärbt er sich rot, in einer Lauge wird er blau. Merken kann man sich das ganz leicht mit dieser Eselsbrücke:

*Säu**re** = **r**ot, L**au**ge = bl**au***

Metall – Messing/Bronze

Die folgende Eselsbrücke räumt mit einer häufigen Verwechslung auf. Wenn man Kupfer und Zink einschmilzt und dann vermischt, so erhält man Messing – und nicht Bronze. Dieses besteht aus Kupfer und Zinn. Man merkt sich einfach folgende Gleichung:

Zin(k + K)upfer = Messing …

… und verwechselt nie mehr Bronze und Messing!

Metall – Stanniol

Ein weit verbreiteter Irrglaube ist, dass Stanniolpapier das Gleiche ist wie Alufolie. Tatsächlich ist Stanniol aber nichts anderes als hauchdünn ausgewalztes Zinn. Das chemische Zeichen für Zinn lautet „Sn" und kommt vom lateinischen Wort „stannium". Fertig sind die Zutaten für einen kurzen Merkreim, der mit dem Missverständnis aufräumt:

Sn steht für Zinn
und hat nur
Stanniolpapier im Sinn.

Periodensystem

Das Periodensystem der Elemente ist die Bibel der Chemiker und eine Plage für Generationen von Schülern. Ganze 118 Elemente stehen in dieser Tabelle aus Abkürzungen, Ziffern und bunten Farben. Die nachfolgenden Eselsbrücken sollten den Weg durch dieses Labyrinth ein wenig erleichtern.

Die Buchstabenfolge

H – O – N – C –S

beinhaltet zum Beispiel nicht nur die wichtigsten Symbole der Elemente. Man kann aus der Reihenfolge auch noch die Wertigkeit des jeweiligen Stoffes herleiten. Stickstoff (N) und Schwefel (S) verlangen allerdings nach einer kleinen Sonderbehandlung!

H = Wasserstoff (einwertig)
O = Sauerstoff (zweiwertig)
N = Stickstoff (drei- oder fünfwertig)
C = Kohlenstoff (vierwertig)
S = Schwefel (zwei-, vier oder fünfwertig)

Sehr hilfreich ist auch der folgende – zugegebenermaßen ein wenig zurechtgebogene – Merksatz. Er enthält die ersten 18 Elemente im Periodensystem mit ihren zugehörigen Abkürzungen.

***H**urra, **hie**r **l**iegen **b**ünd**e**lweise **B**anknoten,*
***C**omisch, **n**ie **o**hne **f**alsche **N**umm**e**r.*
***Na**türlich **m**ö**g**en **al**le **s**olche **P**apiere **s**ehen,*
***cl**everer **A**ngebe**r**.*

H = Wasserstoff
He = Helium
Li = Lithium
Be = Beryllium
B = Bor
C = Kohlenstoff
N = Stickstoff
O = Sauerstoff
F = Fluor
Ne = Neon
Na = Natrium
Mg = Magnesium
Al = Aluminium
Si = Silizium
P = Phosphor
S = Schwefel
Cl = Chlor
Ar = Argon

Säure verdünnen

Wenn man eine Säure, ganz egal welche, verdünnen möchte, dann muss man sehr vorsichtig sein. Schüttet man nämlich einfach Wasser in die ätzende Flüssigkeit, dann folgt eine heftige Reaktion: Das Gemisch spritzt mit hohem Druck aus dem Reagenzglas. Gießt man hingegen die Säure ins Wasser, dann bleibt alles ruhig. Generationen von Chemikern haben dieser Eselsbrücke einiges zu verdanken:

Erst das Wasser,
dann die Säure,
sonst geschieht
das Ungeheure!

Schwefelsäure

Die Formel für Schwefelsäure heißt H_2SO_4. Die passende Eselsbrücke ist nichts für schwache Gemüter – dafür umso einprägsamer:

Liebst du nicht Wein, Weib, Gesang und Bier,
dann trinke H_2SO_4!

Klingt hart – und ist auf keinen Fall zur Nachahmung empfohlen!

Wasser

Die chemische Formel für Wasser ist leicht zu merken – besonders wenn einem Selbiges bis zum Halse steht:

Wirst du des Lebens nicht mehr froh –
stürze dich in H_2O.

Diese Aufforderung ist selbstverständlich nicht ernst gemeint – sie soll schließlich das Schülerleben erleichtern!

Zucker – Hexosen

Zuckerarten gibt es sehr viele in der Chemie. Neben den bereits erwähnten Pentosen unterscheidet man auch noch eine ganze Reihe von „Hexosen". Das sind diejenigen Zucker, die sechs Kohlenstoff-Moleküle enthalten. Der Merksatz für diese süßen Fremdwörter lautet:

Alle alten Glucken möchten gut
im Garten tanzen.

Zur Erklärung:
Alle = Allose
alten = Altose
Glucken = Glucose
möchten = Mannose
gut = Gulose
im = Idose
Garten = Galaktose
tanzen = Talose

Der ordinäre weiße Rübenzucker ist übrigens auch eine Hexose: Ein richtiger Chemiker rührt sich Glucose in seinen Kaffee!

Zucker – Pentosen

In der organischen Chemie spielt der Kohlenstoff eine zentrale Rolle. Er unterscheidet sogar verschiedenste Sorten von Zucker voneinander. So gibt es eine ganze Reihe von Zuckern, die fünf Kohlenstoff-Moleküle enthalten. Sie werden unter dem Begriff „Pentosen" zusammengefasst. Merken kann man sie sich mit einem netten kleinen Spruch:

***R**eiche **A**raber **x**yolofonieren **l**eise.*

Zur Erklärung:
Reiche = Ribose
Araber = Arabose
xylofonieren = Xylose
leise = Lyxose

Von Sonne, Mond und Sternen – Astronomie

Sternenkunde ist eine ernst genommene Wissenschaft – mit Wassermännern, Jungfrauen und Ufo-Entführungen hat das alles überhaupt nichts zu tun ...

Mondphasen

Mit der folgenden Regel lässt sich leicht erkennen, ob der Mond ab- oder zunimmt. Einzige Bedingung: Man muss den Mond sehen können!

Lässt sich aus der Mondsichel ein Z (nach altdeutscher Schreibschrift) bilden, dann geht es auf den Vollmond zu. Ähnelt die Sichel aber einem A, dann nimmt der Mond ab.

Sonnensystem

Die Reihenfolge der Planeten von der Sonne aus lautet: **M**erkur, **V**enus, **E**rde, **M**ars, **J**upiter, **S**aturn, **U**ranus, **N**eptun, **P**luto.

Das kann man sich mit diesem Satz leicht merken:

__M__ein __V__ater __e__rklärt __m__ir __j__eden __S__onntag __u__nsere __n__eun __P__laneten.

Übrigens schlägt man zwei Fliegen mit einer Klappe: Wenn man diese Eselsbrücke parat hat, vergisst man nie, wie viele Planeten eigentlich um die Sonne kreisen. Andererseits muss man eine Ausnahme beachten: Wenn Pluto durch seine elliptische (ovale) Umlaufbahn näher an der Sonne ist als Neptun, heißt der Spruch anders:

__M__ein __V__ater __e__rklärt __m__ir __j__eden __S__onntag __u__nsere __P__laneten __n__eu.

Geografie – Geologie – Meteorologie ...

... sind sehr eng miteinander verwandt. Deswegen sind sie auch hier in einem Kapitel vereint. Den Anfang unserer Eselsbrücken-Landkarte macht eine Inselkette.

Ostfriesische Inseln

Die Reihenfolge der Ostfriesischen Inseln kann man sich mit diesem Satz merken:

***W**elcher **S**eemann **l**iegt **b**is **n**eun **i**m **B**ett?*

Wangerooge, **S**piekeroog, **L**angeoog, **B**altrum, **N**orderney, **J**uist, **B**orkum

Ohne Brücke braucht man keinen Fluss – nein umgekehrt! Den großen Wasserströmen sind die nächsten Abschnitte in unserem Geografie-Kapitel gewidmet ...

Flüsse: Donau-Ursprung

Die Donau kennt jeder als den „Weißwurst-Äquator". Wo der große Strom, der Deutschland von West nach Ost fast komplett in zwei Hälften teilt, ganz genau entsteht, ist schon schwieriger. Aber es gibt ja einen Reim:

Brigach und Breg
bringen die Donau zuweg'.

Diese beiden Flüsschen entspringen im Schwarzwald und vereinigen sich kurz unterhalb von Donaueschingen zum großen Strom.

Flüsse: Donauzuflüsse

Sieben Flüsse münden in Deutschland in die Donau – aber welcher kommt woher?

Iller, Lech, Isar, Inn fließen rechts zur Donau hin;
Altmühl, Naab und Regen fließen ihr entgegen.

Die Flüsse in der oberen Zeile strömen von Süden her auf die Donau zu, die anderen kommen von Norden.

Flüsse: Passau – Drei-Flüsse-Stadt

Die Passauer sind nasse Füße gewohnt. Bei dieser schönen bayerischen Stadt treffen sich gleich drei große Flüsse: Donau, Inn und Ilz vereinigen sich hier, bevor sie gemeinsam – nunmehr als Donau – dem Schwarzen Meer entgegenfließen. Damit man auch als Nicht-Passauer alle drei Flüsse parat hat, gibt es einen kleinen Reim mit großem Nutzwert:

Inn vom Süden, Ilz von Nord
treffen sich am gleichen Ort.
Mit der Donau geht's bergab,
bis zum Schwarzen Meer hinab.

Hier finden sich nicht nur die Namen der drei Flüsse, sondern gleich noch ihre Herkunft und das gemeinsame Ziel.

Flüsse: Weser-Ursprung

Die Weser hat keine eigene Quelle. Sie wird aus zwei kleineren Flüssen gespeist. Deren Namen sind in einem kurzen Reim verewigt:

Wo Fulda sich und Werra küssen,
sie ihren Namen büßen müssen.
So entsteht – ohne Verdruss –
unser schöner Weserfluss.

Himmelsrichtungen

Alle Landmarken sind nutzlos, wenn man nicht weiß, wo rechts und links – pardon: West und Ost – ist ... Der hohe Norden ist oben, das weiß fast jeder. Aber es gibt ja noch drei Himmelsrichtungen. Die Reihenfolge – im Uhrzeigersinn – kann man sich leicht mit diesem Spruch merken:

***N**ord, **O**st, **S**üd, **W**est –*
***N**ie **o**hne **S**eife **w**aschen.*

Westen und Osten kann man sich leicht bildhaft mit der Frage

WO?

vorstellen. Das W steht dabei für Westen, das O für Osten. Der Westen ist auf der Landkarte links, der Osten rechts.

Sonnenlauf

Klar: Es gibt das Morgenland und es gibt das Abendland. Irgendwie hat das mit dem Lauf der Sonne zu tun. Aber warum? Und wo steht die Sonne zu welcher Tageszeit? Fragen über Fragen – und eine einfache Antwort in Reimform:

Im Osten geht die Sonne auf,
im Süden hält sie Mittagslauf,
im Westen will sie untergeh'n,
im Norden ist sie nie zu sehen!

Die letzten drei Eselsbrücken in diesem Kapitel befassen sich mit dem Baumaterial – und den Schaffensperioden der Natur ...

Eiszeiten in Süddeutschland

Die Abschnitte der Jura-Zeit und die vier Eiszeiten in Süddeutschland kann man sich ganz ausgezeichnet merken, wenn man den Geografenfluch beherrscht:

Lias, Dogger, Qualm (=Malm),
Günz, Mindel, Riss und Zwirn (=Würm)!

Granit

Granit ist eine sehr harte Gesteinsart, die sich aus ziemlich vielen Bestandteilen zusammensetzt. Die wichtigsten sind in diesem Reim enthalten:

Feldspat, Quarz und Glimmer –
die drei vergess' ich nimmer.

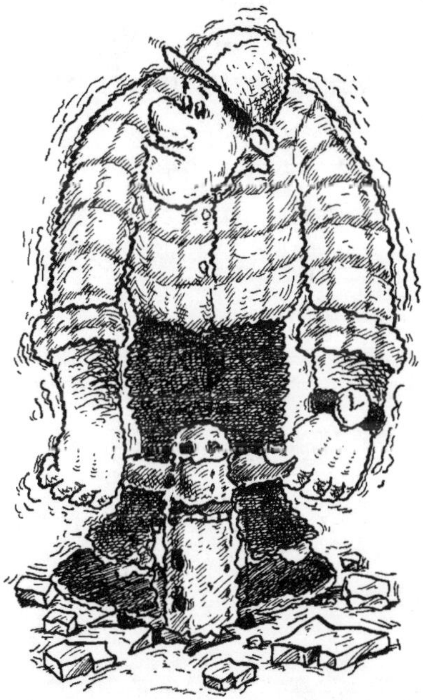

Feldspat, Quarz und Glimmer –
die drei vergess' ich nimmer.

Stalagmiten und Stalagtiten

In fast jeder Höhle finden sich diese Kalkgewächse. Sie entstehen im Lauf der Jahrhunderte, wenn Wasser immer wieder auf die gleiche Stelle tropft. Oben an der Decke bleibt ein wenig Kalk hängen, unten am Boden ebenso. Irgendwann wächst dieses Gebilde dann zu einer Säule zusammen. Bis es so weit ist, hat man aber zwei verschiedene Typen von Tropfsteinen. Welche Art welchen Namen trägt, verrät uns dieser Merksatz:

*Stala**g**miten stehen auf dem Unter**g**rund,*
*Stala**k**titen hängen von der Dec**k**e.*

Geschichte – oder „Drei, drei, drei …“

Eigentlich haben die alten Römer alles erfunden. Könnte man meinen, wenn man nach der Zahl der Eselsbrücken geht. In dieser Disziplin sind sie noch heute den alten Griechen um Längen voraus … In diesem Kapitel sind die wichtigsten Eselsbrücken zum Thema Geschichte gesammelt – in chronologischer Reihenfolge, versteht sich.

Rom

753 vor Christus gilt als Gründungsjahr von Rom. Griffiger formuliert würde man sagen:

Sieben, fünf, drei –
Rom schlüpft aus dem Ei.

Ninive

612 vor Christus ging die Hauptstadt des assyrischen Reiches, Ninive, den Weg alles Irdischen.

Verantwortlich waren übrigens die Meder und die Babylonier.

Sechs, eins, zwei –
mit Ninive war es vorbei!

Issos

Im Jahr 333 vor Christus besiegte Alexander der Große den Perserkönig Darius III. in einer Schlacht bei Issos. Das Datum kann man sich mit diesem berühmten Spruch ins Gedächtnis gravieren:

Drei, drei, drei –
bei Issos Keilerei.

Cäsars Geburtsjahr

100 Jahre vor Christi Geburt erblickte ein gewisser Gaius Iulius Caesar das Licht einer Welt, deren Schicksal er später maßgeblich mitbestimmen sollte:

Vor Christus die Hundert –
klein Cäsar wird bewundert!

Cäsars Todestag

Vom eigenen Stiefsohn und dessen Kumpanen aus dem Senat hingemeuchelt: Cäsar war kein schönes Ende vergönnt:

Brutus
packten Neid
und Gier
im Iden
Märzen
vierzig vier.

Brutus packten Neid und Gier
im Iden Märzen vierzig vier.

Wer dem großen Feldherrn mangelnde Menschenkenntnis unterstellen möchte, kann sich auch dieser Gedankenstütze bedienen:

Iden des März vierundvierzig,
über Brutus Cäsar irrt sich.

Schlacht im Teutoburger Wald

„Varus, gib mir meine Legionen wieder!“: Kaiser Augustus war nach dem militärischen Debakel in der damaligen Provinz Germanien nicht gut zu sprechen auf seinen Feldherrn. Allein – Varus hatte nicht viel zurückzugeben. Die hiesigen Barbaren unter einem gewissen Arminius hatten den Römern im Teutoburger Wald eine vernichtende Niederlage bereitet. Der Feldherr selbst nahm die Geschichte übrigens derart tragisch, dass er sich selbst das Leben nahm ...

Armin schlug den Varus richtig –
neun nach Christus, das ist wichtig.

Weströmisches Reich

Im Jahr 476 endet das Weströmische Reich. Tragisch eigentlich. Aber weil es schon so lange her ist, darf man ruhig ein bisschen flapsig sagen:

Vier, sieben, sechs –
mit Rom ist es ex.

Vier, sieben,
sechs –
mit Rom
ist es ex.

Krönung Karls des Großen

Das Jahr 800 nach Christus machte aus Karl erst so richtig den Großen. Er wurde zum Kaiser des Römischen Reiches gekrönt.

Acht, null, null –
Karl stieg auf den Stuhl.

Gründung der Schweiz

Die Schweizer sind ein kleines Völkchen, das tapfer zusammenhält, mit Brief, Siegel und dem berühmten Eid, den die Genossen im Jahre 1291 geleistet haben:

Zwölf, neun, eins –
gegründet war die Schweiz.

Amerika wird entdeckt

Zu den herausragenden Leistungen eines gewissen Christoph Kolumbus gehört nicht nur die Idee mit Ei. 1492 entdeckte er gleich einen ganzen Kontinent: Amerika. Das Datum lässt sich mit einem Reim und ein wenig Rechnerei leicht merken:

Acht vor fünfzehnhundert –
Kolumbus wird bewundert.

Dreißigjähriger Krieg

Wie lange hat der Dreißigjährige Krieg gedauert? Richtig! Begonnen hat er übrigens im Jahr 1618:

Sechzehnhundert, eins und acht –
der Dreißigjährige Krieg erwacht!

Französische Revolution

Die Franzosen sind nicht eben dafür bekannt, sich alles gefallen zu lassen. Im Jahr 1789 demonstrierten sie das der regierenden Adelsklasse höchst eindrücklich – eine Revolution, die die Welt veränderte!

Eins, sieben, acht, neun –
Frankreich kann sich freu'n.

Wer ein wenig Verständnis für den mittels Fallbeil abgesetzten damaligen König Ludwig XVI. aufbringt, verwendet vielleicht lieber diese Eselsbrücke:

Siebzehnhundert, acht und neun –
Ludwig möge uns verzeih'n.

Napoleon

Kleiner Mann ganz groß: Napoleon Bonaparte konnte auf eine Ausnahmekarriere als Feldherr zurückblicken. Ein Happyend hielt die Geschichte für ihn allerdings nicht bereit: Besonders als es auf seinen eher unrühmlichen Ruhestand zugeht, fällt er durch häufige Wechsel seines Wohnsitzes auf: Gestorben ist Napoleon am 5. Mai 1821 im Exil auf der Insel St. Helena.

Elba, Rückkehr, Waterloo,
Helena bis Ultimo.

Eins und dann
dreimal die Acht –
drei Kaiser sind
nun an der Macht.

Deutsches Reich

Der Geburtsort des Deutschen Reiches liegt in Frankreich: 1871 wurde im Spiegelsaal von Versailles die Gründung des Reiches unter Kanzler Otto von Bismarck proklamiert.

Am 18.1.1871 hat unverdrossen
Bismarck das Deutsche Reich beschlossen.

1888 – Jahr der drei Kaiser

Das Jahr 1888 war ein sehr bewegtes in der deutschen Geschichte. Kaum war des Kaisers Thron warm gesessen, war es um seinen Besitzer auch schon wieder geschehen. Am 9. März 1888 stirbt Kaiser Wilhelm I. im Alter von 91 Jahren. Kronprinz Friedrich Wilhelm folgt ihm nach, stirbt aber schon 99 Tage später an Kehlkopfkrebs. Nach ihm besteigt Kaiser Wilhelm II. den Thron – drei Kaiser in einem Jahr:

Eins und dann dreimal die Acht –
drei Kaiser sind nun an der Macht.

Erster Weltkrieg

Der Erste Weltkrieg war eine der größten Tragödien in der Geschichte. Er begann 1914 und endete 1918 mit dem Versailler Abkommen. Dem unterlegenen Deutschen Reich wird die alleinige Schuld am Krieg zugesprochen.

Der Weltkrieg I tobt vierzehn bis achtzehn,
Deutschland hat ganz schwer das Nachsehen.

Nach fünfundvierzig gab's zwei Staaten,
die neunzig sich zusammentaten.

Gründung der Bundesrepublik

Erst vier Jahre nach dem Ende des Zweiten Weltkrieges wird es den Deutschen wieder erlaubt, einen eigenen Staat zu bilden: 1949 wird die Bundesrepublik Deutschland (BRD) offiziell aus der Taufe gehoben:

Im Jahre neunzehnhundertneunundvierzig
die gute BRD, die rührt sich!

Wiedervereinigung

Nach dem Ende des Zweiten Weltkrieges am 9. Mai des Jahres 1945 wird Deutschland gespalten: Lange Jahre bilden die Bundesrepublik Deutschland und die Deutsche Demokratische Republik die Grenze zwischen Westmächten und dem Ostblock. Erst 1990 vereinigen sich beide Länder und bilden fortan gemeinsam die Bundesrepublik Deutschland.

Nach fünfundvierzig gab's zwei Staaten,
die neunzig sich zusammentaten.

Amerikanische Präsidenten

Die amerikanischen Präsidenten von J. Edgar Hoover bis George W. Bush bringt man mit der folgenden Silbenabfolge auf die Reihe. Wer ein wenig musikalisches Talent mitbringt, komponiert sich vielleicht seine eigene kleine Melodie dazu ...

HO RO TRU EI / KE JO NI FO CA / RE BU CLI BU

Hoover, **Ro**osevelt, **Tr**uman, **Ei**senhower, **Ke**nnedy, **Jo**hnson, **Ni**xon, **Fo**rd, **Ca**rter, **Re**agan, **Bu**sh, **Cli**nton, **Bu**sh (Jun.)

Mount Rushmore

Die Amerikaner haben vier ihrer Präsidenten ein grandioses Denkmal in den Fels geschlagen. Die folgende Silbenreihe hilft auf die Sprünge, wenn man gefragt wird, wer an welcher Stelle vom Mount Rushmore blickt:

WA JE RO LI

Von links: **Wa**shington, **Je**fferson, **Ro**osevelt, **Li**ncoln

Musik – oder „Geig, du alter Esel!“

Eine Wissenschaft, die Spaß macht? Nein, das schließt sich keinesfalls gegenseitig aus. Das beste Beispiel ist die Musik: eine Wissenschaft, ganz ohne Zweifel – aber eine angenehme!

Instrumente und Orchester

Bratsche und Cello

Die Instrumente sind schon eine Wissenschaft für sich. Natürlich nicht nur solche, die man streicht oder zupft. Gerade hier gibt es aber viel zu lernen: Jedes ist anders aufgebaut und immer haben die Saiten unterschiedliche Namen. Die wollen gelernt sein. In diesem Fall geht es um die Bratsche und ihre Saiten: c, g, d, a.

__C__äsar __g__enießt __d__en __A__bend ...

... vielleicht bei einer musikalischen Einlage. Die Bratsche scheint er jedenfalls gemocht zu haben, denn auch der zweite Spruch

***C**äsar, **g**ibst **d**u **A**ntwort ...*

... bedient sich dieses großen Namens.

Das Cello ist übrigens in der gleichen Reihenfolge besaitet wie die Bratsche, nur eine Oktave tiefer. Die beiden Merksätze passen also auch auf dieses Streichinstrument!

Geige

Die Reihenfolge der Geigensaiten lautet G, D, A, E, genauso wie die Anfangsbuchstaben des passenden Merksatzes:

***G**eh, **d**u **a**lter **E**sel.*

Genauso gut, aber mit ein bisschen mehr Bezug zur Musik, funktioniert der folgende Spruch:

***G**eig, **d**u **a**lter **E**sel.*

Gitarre

Eine Gitarre hat sechs Saiten und – wie könnte es anders sein – jede hat ihren eigenen Namen. Natürlich haben sich die Musiker auch gleich ein paar passende Sprüche einfallen lassen, damit sie nicht vergessen, welche Saite sie anschlagen – e, a, d, g, h oder e:

***E**in **A**nfänger **d**er **G**itarre **h**at **E**ifer.*

Cäsar, gibst du Antwort ...

Ein wenig emotional angehaucht, aber lang erprobt und eindrücklich wäre diese Alternative:

***E**in **a**lter **d**ummer **G**reis **h**egt **E**ifersucht.*

Vom Geiz besessen, aber wirkungsvoll für den Gitarrenlehrling:

***E**ine **a**lte **d**umme **G**ans **h**ortet **E**ier.*

Orchesteraufbau

Ein Orchester ist eine wahrlich große Ansammlung von Musikern mit den verschiedensten Instrumenten. Wer hier nicht den Überblick verlieren will, muss schon reichlich konzentriert bei der Sache sein. Mit dem unten stehenden Gedicht kann man im Konzert ganz ausgezeichnet seine Begleitung beeindrucken:

Mit Bratschen links die ersten Geigen,
die zweiten rechts, beim Celloreigen.
Dann Harfen, Flöten, Klarinetten,
sich an Fagott, Oboen ketten,
nach rechts gefolgt von Hörnern, Bässen,
Trompeten immer links gesessen,
daneben Tuben und Posaunen,

ganz hinten Schlagzeug zu bestaunen.
Ganz vorn auf hohem Postament,
der sehr geschätzte Dirigent.

Ein bisschen aufpassen muss man damit allerdings schon. Beschrieben wird hier der klassische Aufbau eines Orchesters – und zwar aus Sicht der Zuhörer. Bei der modernen Zusammensetzung sind die ersten und die zweiten Violinen links zu finden. Die Celli und Bratschen sitzen rechts vom Dirigenten.

Ganz vorn auf hohem Postament, der sehr geschätzte Dirigent.

Noten und Töne – und was man daraus machen kann

Dur und Moll

Traurige Lieder werden in Moll gespielt, wenn's fröhlich zur Sache geht, ist Dur gefragt. Dafür ist eigentlich keine Eselsbrücke notwendig. Allerdings gibt es noch einen – weniger bekannten – Unterschied: Dur klingt hart, Moll dagegen eher weich:

Das „Dur", das kommt von „durus", hart,
das „Moll" von „mollis", weich an Art.

Mit bestem Dank an die alten Römer …

Oktave

Intervallreihe

Eine Oktave besteht aus acht Tönen. Die Sprünge zwischen diesen Tönen lassen sich in Intervalle gliedern. Dafür gibt es natürlich einen Code, den normalerweise nur theoretisch versierte Musiker entschlüsseln können. Mit diesem Gedicht kann ihn auch eine Banause ganz leicht knacken:

Prim, Sekund sind eins und zwei,
Terz als Intervall die drei,
vier und fünf die Quart, die Quint,
Sext und Sept, Oktav ganz hint'.

Zur Erklärung:
Erste Stufe = Prim
Zweite Stufe = Sekund
Dritte Stufe = Terz
Vierte Stufe = Quart
Fünfte Stufe = Quint
Sechste Stufe = Sext
Siebte Stufe = Sept(ime)
Achte Stufe = Oktave

Jazz

Eselsbrücken gibt es nicht nur für die Liebhaber der klassischen Musik. So hat zum Beispiel der Jazz gleich sieben wichtige Entwicklungsstufen durchlaufen. Genauso schwungvoll wie die Musik kommt auch der passende Reim daher:

Orlea, Dixie, Cago, Siwingin',
Bop und Cool, Modern, Free.

Jetzt fehlen nur noch die vollständigen Namen hinter den Abkürzungen:
Orlea = New Orleans Jazz
Dixie = Dixieland
Cago = Chicago-Periode
Swingin' = Swing-Ära
Bop = Bebop
Cool = Cool Jazz
Modern = Modern Jazz
Free = Free Jazz

Kammerton a

Die Musiker haben einen Kammerton. Der heißt „a“ und ist sehr wichtig, wenn man etwa ein Instrument stimmen möchte. An ihm orientieren sich nämlich alle anderen Töne. Das eingestrichene a steht für eine Tonfrequenz von 440 Hertz. Es ist damit so etwas wie ein Bezugspunkt für alle anderen Töne. Damit man nicht vergisst, welche Note der Kammerton ist, gibt es einen Spruch:

Kammerherr, welch Gloria,
ist das eingestrich'ne a!

laut und leise

In der Musik geht man mal leise, manchmal auch lauter zu Werke. Jede Stufe hat ihren eigenen Namen. Pianissimo = sehr leise, piano = leise, mezzoforte = nicht mehr leise, noch nicht laut, forte = laut, fortissimo = sehr laut.

Die Maus, die lebt piano bis pianissimo,
der Spatz dagegen forte bis fortissimo.
Der Mensch – so mitten drin –
lebt mezzoforte vor sich hin.

Noten auf den Linien

Die Noten sind die Buchstaben, mit denen die Musik geschrieben wird – und was nützt das schönste Buch, wenn man nicht lesen kann ... Die fünf Noten stehen in einer bestimmten Reihenfolge auf den Linien des Notenblattes.

e, g, h, d, f

Für diese Folge gibt es gleich mehrere Merksprüche:

***E**s **g**eht **h**urtig **d**urch **F**leiß.*

oder

***E**ine **G**eige **h**at **d**er **F**iedler.*

oder

***E**in **G**eiger **h**ält **d**ie **F**iedel.*

Die Anfangsbuchstaben jedes Wortes entsprechen den jeweiligen Noten. Ganz einfach, oder?

Noten zwischen den Linien

Zwischen den Tönen gibt es Töne. In der Musik sind das nun nicht zwingend Zwischentöne. Noten sind es aber auf jeden Fall. Auf dem Blatt heißen sie:

f, a, c, e, g

Auch hier kann man sich den Spruch aussuchen, der einem am besten liegt. Es gibt nämlich mindestens zwei:

***F**ritz **a**ß **C**itronen **E**is **g**ern ...*

... ist ein guter Spruch für die Schleckermäuler, es geht aber auch ein wenig kräftiger, allerdings auch recht stilvoll:

***F**einer **a**lter **C**ognac **e**in **G**enuss.*

Pausenzeichen

In der Musiktheorie gibt es viele geheimnisvolle Zeichen. Eines davon signalisiert die Pause. Allerdings birgt es Verwechslungsgefahr in sich. Es kann nämlich sowohl oben (halbe Pause) auf der Notenlinie liegen als auch darunter hängen (ganze Pause):

Die ganze Wurst hängt noch oben,
die halbe liegt auf dem Tisch.

Stimmlagen

Sängerin ist nicht gleich Sängerin. Das gilt natürlich auch für die Herren der Schöpfung. Aufgeteilt sind die Künstler in nicht weniger als sechs verschiedene Hauptstimmlagen, geordnet nach der stimmlichen Höhenlage. Die zugehörigen Namen hat fast jeder schon einmal gehört. Alle sechs kennen nur Eingeweihte, und die richtige Reihenfolge gehört für den Normalsterblichen zu den großen Mysterien unserer Zeit. Mit dem folgenden Zauberwort öffnet man die Türe zu diesem Geheimnis:

SOMEA TEBABA

SO = Sopran
ME = Mezzosopran
A = Alt
TE = Tenor
BA = Bariton
BA= Bass

Tempi

Wer den Ton verfehlt, der quält seine Zuhörer. Genauso wichtig ist es aber, das passende Tempo zu halten. Davon gibt es allerdings gleich neun verschiedene. Die Namen kommen aus dem Italienischen und werden in diesem Gedicht gleich in der richtigen Reihenfolge serviert:

Largo, lento und adagio,
zu andante, moderato,
bis vivace und allegro,
presto und prestissimo.

Presto und prestissimo.

Übersetzt bedeuten diese Begriffe jeweils das folgende Tempo:
largo = breit, langsam
lento = langsam, schleppend
adagio = ruhig, sanft, langsam
andante = mäßig langsam
moderato = mäßig bewegt
vivace = munter, lebhaft
allegro = lebhaft
presto = schnell
prestissimo = sehr schnell

Tonarten – b

Die b-Töne sind die Entsprechung der Kreuztöne. (siehe S. 155) Was läge also näher, als auch hier einen Merkspruch zu verwenden?

__F__ürchte __b__esonders __Es__chen-__Äs__te __des ges__amten __Cäs__arreiches.

Abgesehen davon, dass schon wieder unser alter Römer herhalten muss, funktioniert diese Eselsbrücke genauso wie diejenige für die Kreuztonarten: Reihenfolge, Namen und Zahl der Vorzeichen, alles auf einen Blick:

F-Dur = b
B-Dur = bb
Es-Dur = bbb
As-dur = bbbb
Des-Dur = bbbbb
Ges-Dur = bbbbbb
Ces-Dur = bbbbbbb

Tonarten (Kirchenmusik)

Die Musik in der Kirche hat ihren ganz eigenen Charme. Ob man den mag, ist natürlich Geschmackssache. Ganz klar definiert sind allerdings die Tonarten für die Kirchenmusik. Die entsprechende Eselsbrücke passt perfekt zum Thema:

Der Pfarrer liest ältere Journale.

Zur Erklärung:
Der = dorisch
Pfarrer = phrygisch
liest = lydisch
ältere = äolisch
Journale = ionisch

Tonarten – Kreuz

Die Kreuztonarten in der Musik kann man sich ganz leicht merken, indem man einen alten Klassiker um zwei Worte ergänzt:

***G**eh, **d**u **a**lter **E**sel, **h**ole **Fis**che.*
1 2 3 4 5 6

Damit schlägt man gleich drei Fliegen mit einer Klappe: Die erste ist die Reihenfolge der Kreuztöne, die zweite sind deren Namen und die dritte die Zahl der Vorzeichen:

G-Dur = #
D-Dur = # #
A-Dur = # # #
E-Dur = # # # #
H-Dur = # # # # #
Fis-Dur = # # # # # #

Tonleiter

Die Reihenfolge der Noten in einer Oktave lautet C, D, E, F, G, A, H:

***C**uno, **d**er **E**sel, **f**abriziert **G**old **a**m **H**interteil.*
Natürlich gibt es auch hierfür einen Merksatz mit dem großen römischen Imperator. Cäsar scheint tatsächlich ein großer Musikliebhaber gewesen zu sein. Hier kommt er allerdings nicht allzu gut weg.

***C**äsar, **d**er **E**lch, **f**risst **g**egen **A**bend **H**eu.*

Selbst gebaute Eselsbrücken ...

... sind immer noch die besten Eselsbrücken. Der Grundstein für sinnvolles Lernen heißt Assoziation. Nun sind Fremdwörter aber überflüssiger Ballast. Wir sprechen schließlich Deutsch. Deswegen sagen wir lieber: „Verbindung" und nicht „Assoziation". Verbindung also, so wie bei einer Brücke – und schon haben wir unserem Esel den Weg zum anderen Ufer geebnet.

In der Praxis heißt das: Wenn man sich etwa ein einzelnes unbekanntes Wort merken soll – Schüler würden sagen: Vokabeln pauken –, dann ist es oftmals sehr hilfreich, diese Vokabel mit einem bekannten Wort zu verbinden. Hier sind alle Listen und Tricks erlaubt, die Logik ist zweitrangig: Es kommt einzig und allein darauf an, dass die Brücke ihren Erbauer trägt, niemand sonst muss sie verstehen können. Für ein Beispiel bietet sich hier die lateinische Sprache besonders an, weil sie zu den „Eltern" des Deutschen gehört: Wir müssen für die nächste Prüfung unbedingt wissen, dass das lateinische Wort „mensa“ auf Deutsch „Tisch“ bedeutet. Unsere gedankliche Verbindung könnte hier die Kantine in der Universität sein – umgangssprachlich die „Mensa“. In einer Kantine wird gegessen, also stehen hier normalerweise viele Tische. Die Verbindung zwischen „mensa“ und „Tisch“ ist geknüpft, wir haben unsere ganz private Eselsbrücke gezimmert.

Eine sehr praktische Methode gibt es, wenn man eine ganze Reihe von Wörtern ständig parat haben muss. Man reiht einfach die Anfangsbuchstaben dieser Begriffe aneinander und bildet – wenn es denn irgend geht – ein sinnvolles Wort daraus. Viele überlieferte Eselsbrücken basieren auf diesem Prinzip: SKAT ist beispielsweise nicht nur ein beliebtes Kartenspiel, sondern auch eine nette Hilfe, wenn man die wichtigsten Städte aus dem antiken Griechenland lernen muss: S wie Sparta, K wie Korinth, A wie Athen und T wie Theben.

Aus einer ganzen Kette von Eselsbrücken setzt sich das „Gedankenwandern“ zusammen: Man hat eine Reihe von Begriffen oder auch Zahlen, die man sich merken muss. Nun erzählt man sich innerlich eine Geschichte und verbindet jeden zu lernenden Begriff mit einer Station oder einem Ereignis auf dem Weg dieser Geschichte. Es gibt

Menschen, die sich auf diese Art Zahlenketten mit mehr als tausend Stellen merken können. Das muss im Alltag Gott sei Dank eigentlich niemand. Aber die Kreiszahl Pi (3,141592653) wäre doch vielleicht einen Versuch wert:

Man reiht einfach die Anfangsbuchstaben dieser Begriffe aneinander und bildet ein sinnvolles Wort daraus: SKAT

Beispiel:
Ich (3) gehe morgens zum Bäcker (1) und kaufe mir vier (4) Brötchen (1). In der Schule (5) bekomme ich während der Pause (9) immer Hunger (2) und mit leerem Magen (6) kann man keine guten Noten (5) nach Hause (3) bringen.

Die meisten bekannten Eselsbrücken sind Reime. Viele davon finden sich hier in diesem Buch. Mit ein bisschen Kreativität kann man aber auch selbst kleine Kunstwerke schaffen, die es mit „Sieben, fünf, drei ...“ locker aufnehmen können. Auch hier gilt natürlich: Wichtig ist, dass man selbst die Verbindung zwischen Lernstoff und der gereimten Eselsbrücke herstellen kann: Keine Regeln, notfalls darf auch gerne das Prinzip „Reim' dich oder ich schlag dich“ herhalten.